INHALT

AXEL KRANZ

Ich coache mein Unterbewusstsein

Ungeliebte Verhaltensmuster und Ängste Schritt für Schritt überwinden

Mit kurzen
Meditationen
selbstbewusst
und
lebensfroh

humboldt

VORWORT

Liebe Leserinnen und Leser,

ein kleiner Junge steht abseits einer Gruppe von Kindern, die gemeinsam spielen. Er würde schon gerne mitspielen, traut sich aber nicht, zu fragen. Je länger er darüber nachdenkt, umso unmöglicher wird ihm dieser Schritt. Seine Ängste werden immer größer und letztlich wendet er sich ab und sucht sich eine Beschäftigung, der er allein nachgehen kann.

Dieser kleine Junge war ich. So schüchtern und gehemmt, wie man sich das nur vorstellen kann. Schon bei meiner frühestens Erinnerung an meine Kindheit war dies so gewesen. Meine Schüchternheit war natürlich auch in der Schule vorhanden. Dort versuchte ich, mich angepasst zu verhalten und nichts zu tun, was dem Lehrer negativ auffallen könnte. Das hatte zumindest den Vorteil, dass ich im Unterricht immer aufmerksam war und es mir daher leichtfiel, ohne großen Aufwand durch die Schule zu kommen. Da ich mich selten traute, mich zu melden, gab es aber noch in der zehnten Klasse Fächer, in denen ich schriftlich zwar auf 2 stand, mündlich aber eine 5 bekam.

Natürlich war ich mit dieser Situation nicht zufrieden und habe mich oft unwohl gefühlt. Auch wenn die Schüchternheit nach außen hin im Laufe der Jahre abnahm, so hatte ich doch viele Jahre meines Lebens große Angst, mich offen anderen Menschen gegenüber zu zeigen. Da ich im Erwachsenenleben immer noch alles richtig machen wollte, habe ich nach meinem Ingenieurstudium recht schnell Karriere gemacht. Erst durch die exponierte Position als Führungskraft habe ich in vielen Situationen gelernt, mehr Selbstvertrauen zu schöpfen. Aber immer noch waren diese inneren Ängste vorhanden, die mir Stress verursachten und mich daran hinderten, ein glückliches und zufriedenes Leben zu führen. Über viele Jahre war daher die Unzufriedenheit mein ständiger Begleiter.

Mit Mitte Dreißig habe ich dann entdeckt, dass ich diesem Gefühl nicht dauerhaft ausgeliefert sein muss. Ich las viele Bücher, lernte verschiedene Methoden der Persönlichkeitsentwicklung kennen, machte Coachings und besuchte Kurse und Seminare. Das alles hat mich auch sicherlich ein gutes Stück in meiner Entwicklung weiter gebracht. Aber immer war ich auf der Suche nach etwas Neuem, nach der *einen* Methode, mit der mir ein Coach oder Trainer „meine Probleme wegmachen" konnte. Nur: Gefunden habe ich diese eine Wundermethode nie – weder im erweiterten Bereich der Psychologie noch in dem, was man gemeinhin als Esoterik bezeichnet. Gleichzeitig habe ich aber viel Wissen darüber angesammelt, wie die menschliche Psyche funktioniert und welche Möglichkeiten es gibt, sie zu beeinflussen.

Grundlegend hat sich erst dann etwas geändert, als ich entschied, die Verantwortung für mich und mein Leben wirklich selbst zu übernehmen. Ich sah ein, dass es nicht sinnvoll ist, mit meinen Prägungen aus der Kindheit zu hadern oder anderen Menschen die Schuld an meinem Unglück zu geben. Ferner erkannte ich, dass es in meiner Hand liegt, auch meine unbewussten Automatismen zu verändern, die immer wieder dafür sorgten, dass ich mich nicht wohlfühlte.

Aus allem, was ich bis dahin gelernt hatte, extrahierte ich die Vorgehensweisen, die eine wirkliche Veränderung bewirken. Das ergab keine Wundermethode mit sofortigem Effekt, sondern bedeutete, kontinuierlich daran zu arbeiten, meine unbewussten Prägungen zu verändern. Schon nach wenigen Monaten konsequenter Arbeit spürte ich eine deutliche Erleichterung, eine größere Lebensfreude. Ich hatte zum ersten Mal das Gefühl, selbst Herr über mein Leben zu sein und nicht mehr von meinen Ängsten geleitet zu werden. Je länger ich mit diesen Methoden arbeitete, umso freier wurde ich innerlich und umso erfüllter wurde mein Leben. Plötzlich machte es mir gar nichts mehr aus, einen gutbezahlten und sicheren Job aufzugeben, um das zu tun, wonach mein Herz sich sehnte: Auch anderen zu helfen, ihren Weg zu einem selbstbestimmten und glücklichen Leben zu finden.

In diesem Buch habe ich genau das niedergelegt, was Ihnen aus meiner Sicht am ehesten hilft, dies auch zu erreichen. Ich wünsche Ihnen viel Spaß beim Lesen und spannende Erfahrungen bei der praktischen Anwendung.

Am Ende dieses Buchs haben Sie die Möglichkeit, Ihren persönlichen Aktivitätsplan zu erstellen. Als Unterstützung hierfür können Sie auf meiner Webseite (www.feel-yourself-free.de) ein Template für diesen Plan herunterladen.

Auch freue ich mich über Ihre Erfahrungsberichte, Kommentare oder auch Fragen, die Sie gerne an info@feel-yourself-free.de senden können.

Ihr

Axel Kranz

SO FUNKTIONIERT MEINE METHODE

*Wenn wir könnten, würden wir uns einfach ent-
scheiden glücklich zu sein. Aber unsere unbewussten
Prägungen stehen uns dabei leider immer wieder im
Weg. Oft fühlen wir uns unzufrieden, ängstlich oder
ärgern uns und es gelingt uns nicht, uns dauerhaft
gut zu fühlen. Aber es gibt Mittel und Wege, dies zu
ändern.*

Die Psychologie hat diese Problematik schon vor längerer Zeit
erkannt und Methoden entwickelt, mit denen wir unsere alten Prägungen anschauen können und diese auch ein Stück weit verändern können. Oft ist dies jedoch ein sehr mühsamer Prozess, den
wir meistens nur gehen, wenn wir wirklich schwerwiegende Probleme haben. Die Psychologie, wie wir sie heute kennen, ist eine
immer noch junge Wissenschaft. Erst seit etwas über hundert Jahren wird dieses Wissensgebiet systematisch erforscht. Die Hirnforschung ist sogar noch jünger. Aber auch vorher hat es kraftvolle
Methoden gegeben, mit denen man sein psychisches Wohlbefinden
verbessern konnte. So war es in Asien schon seit Tausenden von
Jahren üblich, dies z. B. über Meditation zu erreichen.

Was nun, wenn ich dieses alte Erfahrungswissen mit den Erkenntnissen aus Psychologie und Hirnforschung verbinde? Dann gelingt es mit einem Mal, auch auf einer rationalen Ebene zu erläutern, wie und warum die alten Methoden funktionieren. Gleichzeitig kann ich diese Methoden mithilfe der neueren Erkenntnisse anpassen und optimieren, um so zu einer wirklich effizienten Methode der Persönlichkeitsentwicklung zu kommen.

Genau das ist der Fokus dieses Buchs. Allerdings ist es mir wichtig, dies sehr pragmatisch darzustellen. Dieses Buch ist kein psychologisches Lehrbuch oder ein allumfassender Ratgeber über das Thema Persönlichkeitsentwicklung. Bei den Erläuterungen habe ich mich bewusst auf das beschränkt, was hilft, die Wirkungsweise der vorgeschlagenen Methode zu verstehen und sie anzuwenden. Ich verwende dazu teilweise sehr vereinfachte Modelle, etwa unserer Gehirnfunktionen. Natürlich könnte man viel tiefer einsteigen und sich detaillierter über die letzten Forschungsergebnisse auslassen. Meine Erfahrung ist aber, dass ein einfaches, greifbares Modell zielführender ist als eine zwar wissenschaftlich fundierte, aber komplizierte Darstellung der Sachverhalte. Denn es zeigt sich immer wieder, dass die Motivation zur Umsetzung einer Methode nur dann wirklich vorhanden ist, wenn ich auch verstehe, wie und warum sie wirkt. Dafür haben sich einfache und einprägsame Modelle als sehr hilfreich herausgestellt.

DIE WENN-DANN-FALLE

Über die Suche nach dem Glück haben sich schon viele Menschen Gedanken gemacht. Angefangen bei den Philosophen des Altertums über verschiedene Religionen bis hin zur modernen Wissenschaft. Trotzdem wissen wir oft nicht, was uns wirklich glücklich und zufrieden macht. Wir suchen den Grund für unsere Unzufriedenheit oft im Außen und hängen dabei in unrealistischen Wunschvorstellungen fest.

Zwar können wir glückliche Momente in unserem Leben identifizieren, aber es fällt uns schwer, sie auf die Zukunft zu projizieren und zu entscheiden, was wir tun müssen, um dauerhaft ein höheres Glücksempfinden zu erreichen.

Stellen Sie sich zu Beginn der Betrachtung einmal die folgenden Fragen:
- Haben Sie ein festes Dach über dem Kopf?
- Besitzen Sie ein Bett?
- Können Sie jeden Tag mehr als eine Mahlzeit essen?
- Haben Sie Kleider, um sich warm anzuziehen?
- Leben Sie in einem Land, in dem Frieden herrscht?
- Besitzen Sie ein Bankkonto und haben Sie vielleicht sogar ein wenig Geld gespart?

Wahrscheinlich konnten Sie alle diese Fragen problemlos mit einem Ja beantworten, oder? Allein mit diesen, für uns sehr selbstverständlichen Tatsachen katapultieren wir uns in die Gruppe der privilegiertesten acht Prozent der Weltbevölkerung. Anders formuliert: 92 Prozent der Weltbevölkerung müsste auf eine oder mehrere dieser Fragen mit Nein antworten. Bedeutet dies aber nun, dass diese acht Prozent der Weltbevölkerung automatisch auch zu den glücklichsten Menschen der Erde gehören? Weit gefehlt!

Es gibt etliche Untersuchungen zum Glücksempfinden der Weltbevölkerung, darunter der regelmäßig durch das renommierte Gallup-Institut herausgegebene „Internationale Glücksatlas". In den letzten Jahren war der Spitzenreiter hier Paraguay, eines der ärmsten Länder Südamerikas. Insgesamt sind sogar neun lateinamerikanische Länder unter den zehn glücklichsten Nationen gelandet. Obwohl die Deutschen eines der reichsten Völker der Erde sind, lag Deutschland bei der letzten Befragung nur auf Platz 49 von 140 untersuchten Ländern. Dass das vom Krieg zerrüttete Syrien auf dem letzten Platz landete, verwundert dagegen nicht.

Ich möchte nicht versuchen, mit denen in Konkurrenz zu treten, die diese Ergebnisse ausführlich interpretieren und die herausarbeiten, was zu diesen Resultaten führte. Aber es gibt zwei klare Erkenntnisse, die es lohnt, auf sich wirken zu lassen:
- Materieller Wohlstand scheint, wenn überhaupt, dann nur einen begrenzten Einfluss auf das Glücksempfinden zu haben.
- Die Bedrohung durch Krieg, Hunger oder Ähnliches verhindert das Glücklichsein.

Und hier kommt nun etwas ins Spiel, das der amerikanische Psychologe Abraham Maslow schon Mitte des zwanzigsten Jahrhunderts entwickelt hat, bekannt geworden als die Maslow'sche Bedürfnishierachie bzw. Bedürfnispyramide.

Die Bedürfnispyramide

Die Bedürfnispyramide ist ein Erklärungsmodell für unsere Motivation, Dinge in unserem Leben zu ändern.

Maslow'sche Bedürfnispyramide

Maslows Grundannahme dabei ist, dass gewisse Bedürfnisse Priorität vor anderen haben. So ist es wichtiger, nicht zu verhungern, als sich Anerkennung zu verschaffen. So lange ein in der Pyramide tieferliegendes Bedürfnis nicht erfüllt ist, wird sich mein Streben mit hoher Wahrscheinlichkeit auf dieses Bedürfnis beziehen, anstatt ein höherliegendes Bedürfnis in Angriff zu nehmen. Erst wenn ich die Bedürfnisse einer Ebene weitgehend befriedigt habe, werde ich meine Energie auf die Realisierung der darüberliegenden Ziele richten können. Je mehr Ebenen dieser Pyramide ich für mich erfüllt habe, umso zufriedener und glücklicher werde ich im Leben sein.

In der gebräuchlichsten Form hat die Maslow'sche Pyramide fünf Ebenen:

1. Körperliche Grundbedürfnisse: Dies sind die Dinge, die zum „direkten" Überleben notwendig sind, also Atmen, Essen und Trinken, aber auch Schlaf und Wärme (z. B. durch warme Kleidung).

2. Sicherheitsbedürfnisse: Wenn die körperlichen Grundbedürfnisse erfüllt sind, entsteht die Motivation „sich abzusichern". Unter diese Kategorie fällt alles das, was wir meinen, zur Abwehr von wahrgenommenen Gefahren zu brauchen. Dies geht von einer sicheren Unterkunft über Schutz vor Überfällen oder Krieg bis hin zur materiellen Sicherheit, die in unserer heutigen Zeit z. B. ein fester Arbeitsplatz bietet.

3. Soziale Bedürfnisse: Sind die ersten beiden Kategorien weitgehend befriedigt, erlebt der Mensch einen starken Drang nach sozialen Beziehungen. Dazu zählt der Aufbau eines Freundeskreises, der Kontakt zu geliebten Menschen, einem Lebenspartner oder zu seinen Kindern. Gleichzeitig wird er versuchen, eine bestimmte soziale Rolle zu erfüllen und sich einen Platz in einer sozialen Gruppe zu sichern.

Die ersten drei Stufen stellen die sogenannten Defizitbedürfnisse dar. Das bedeutet, diese Bedürfnisse müssen unbedingt erfüllt sein, um Zufriedenheit zu erlangen. Gleichzeitig stillt die Befriedigung dieser Bedürfnisse aber auch die Nachfrage. So verlangt jemand, der genug getrunken hat, nicht nach mehr Getränken, weil das Bedürfnis „Durst" befriedigt wurde.

4. Individualbedürfnisse: Auf der Stufe der Individualbedürfnisse geht es um die Erlangung von mentaler und körperlicher Stärke, Erfolg, Unabhängigkeit und Freiheit, Ansehen, Prestige, Wertschätzung sowie Achtung und Wichtigkeit.

5. Selbstverwirklichung: Wenn bis auf diese Stufe alle Bedürfnisse befriedigt sind, wird nach Maslow eine neue Unruhe und Unzufriedenheit im Menschen erwachen: Er strebt nach Selbstverwirklichung. Es geht dabei um den Wunsch, das eigene Potenzial auszuschöpfen. In welcher Form sich dieses Bedürfnis letztlich ausdrückt, ist vom Einzelnen selbst abhängig.

Die Stufen 4 und 5 werden als sogenannte Wachstumsbedürfnisse bezeichnet. Im Gegensatz zu den Defizitbedürfnissen sind sie nicht begrenzt. Erfolg und Anerkennung können immer weiter gesteigert werden, ebenso wie das Bedürfnis nach materiellen Gütern oder Selbstverwirklichung. Außerdem sind die Wachstumsbedürfnisse individuell stark unterschiedlich.

Führt man sich diese Erkenntnisse vor Augen, wird schnell klar, warum Syrien an letzter Stelle des Glücksatlases geführt wird: Für Menschen, die in einem Kriegsgebiet leben, sind noch nicht einmal die grundlegenden Sicherheitsbedürfnisse befriedigt. Wer regelmäßig um sein Überleben fürchten muss, ist auf der zweiten Stufe der Bedürfnispyramide gefangen und hat wenig Motivation, sich um die darüberliegenden Bedürfnisse zu kümmern – geschweige denn, sich um seine Selbstverwirklichung zu kümmern.

In den westlichen Industrienationen kann man jedoch davon ausgehen, dass sowohl die Grundbedürfnisse als auch die Sicherheitsbedürfnisse für die meisten Bürger erfüllt sind. Aber bei den sozialen Bedürfnissen muss man schon genauer hinschauen. Zwar sind wir alle irgendwie Bestandteil einer sozialen Gruppe, sei es im Job, in der Familie oder in sonstigen Gruppierungen, aber es gibt doch sehr viele Menschen in unserer Gesellschaft, die einen starken Mangel im sozialen Bereich empfinden. Sei es, weil sie keinen Lebenspartner oder keine Familie haben, weil sie mit ihrem Freundeskreis unzufrieden sind oder weil sie insgesamt mit ihrer Rolle im sozialen Umfeld hadern.

Selbst wenn viele von uns aufgrund unseres materiellen Wohlstands bereits zahlreiche Bedürfnisse aus der Stufe „Individualbedürfnisse" befriedigt haben, so sind es die nicht erfüllten Wünsche aus der darunterliegenden Stufe, die oft zu Unzufriedenheit führen. In den südamerikanischen Ländern ist die vierte Stufe für viele sicherlich schwerer zu erreichen als in Europa. Aber wegen der deutlich ausgeprägteren Familienstrukturen und des insgesamt weniger ausgeprägten Individualismus sind die sozialen Bedürfnisse anscheinend stärker befriedigt. Das führt dazu, dass sich die Menschen in diesen Ländern im Schnitt zufriedener und glücklicher fühlen als die Deutschen.

Jetzt kommt aber noch ein weiterer wichtiger Punkt ins Spiel: Es gibt natürlich keine allgemeingültige Festlegung, wann ich ein Bedürfnis als befriedigt betrachte. Abhängig von unserer Sozialisation sind die Unterschiede dabei extrem groß. Vor allem in den westlichen Industrienationen sind diese Bedürfnisse stark von dem geprägt, was wir in unserem Umfeld sehen, aber auch davon, was uns die Medien zeigen. Daraus entwickeln sich sehr schnell extrem hohe Ansprüche – oder anders formuliert: Wir definieren für uns selbst, dass unsere Bedürfnisse erst dann erfüllt sind, wenn wir all das erreicht haben, was wir bei vermeintlich erfolgreichen Menschen in unserer Gesellschaft sehen. So kommen wir sehr schnell in die „Wenn-Dann-Falle": Wenn ich dies oder jenes erreicht habe, dann wird es mir gut gehen, dann werde ich glücklich sein. Das können Wünsche aus dem sozialen Bereich sein (Lebenspartner, Heirat, Kinder, Freundeskreis …), besonders häufig finden wir jedoch hohe Ansprüche an uns selbst in der vierten Ebene der Individualbedürfnisse: ein neues Auto, ein Haus, den Status einer neuen beruflichen Position, mehr Gehalt …

Viele von uns verbringen ihr gesamtes Leben damit, diesen Dingen hinterherzurennen. Immer in der Hoffnung, durch das Erreichen eines nächsten Zieles glücklich zu werden. Wenn wir es dann erreicht haben, freuen wir uns darüber und meinen, nun glücklicher zu sein. Leider hält dieses Gefühl jedoch nur für einen sehr begrenzten Zeitraum an. So gibt es Untersuchungen, die zeigen, dass die Arbeitsmotivation durch eine Gehaltserhöhung nur für maximal drei bis sechs Monate gesteigert wird. Danach ist sie wieder auf dem gleichen Level wie vorher. Automatisch stecken wir uns das nächste Ziel, das uns nun aber auf alle Fälle glücklicher machen soll. Leider wieder vergeblich.

Sehr häufig finden wir dieses Muster auch im Bereich der Optimierung der eigenen Persönlichkeit. Fühle ich mich schüchtern, mache ich einen Kurs, um meine Schüchternheit zu überwinden. Habe ich Schwierigkeiten, in der Öffentlichkeit zu reden, buche ich ein Rhetorik-Training. Wir doktern dann oft an den Eigenschaften herum, die uns mangelhaft erscheinen. Natürlich auch verbunden mit der Hoffnung, nach Lösung dieses „Problems" ein glücklicherer Mensch zu werden.

Verstehen Sie mich bitte nicht falsch. Es ist überhaupt nichts dagegen zu sagen, sich ein neues Auto zu kaufen, sein Single-Dasein aufzugeben oder ein Seminar zur Persönlichkeitsentwicklung zu besuchen. Entscheidend dabei ist jedoch die innere Einstellung: Strebe ich diese Dinge an, damit es mir nach Erreichen dieses Zieles besser geht, so bin ich in der „Wenn-Dann-Falle" gefangen – und werde schnell feststellen, dass mich dies nicht längerfristig glücklich macht.

Wechsel der Perspektive

Wie wäre es aber nun, wenn wir auf der anderen Seite ansetzen würden? Denn um die Unzufriedenheit zu reduzieren, die ein unerfülltes Bedürfnis in uns hervorruft, gibt es zwei Möglichkeiten:

Die uns bestens bekannte ist die, alles dafür zu tun, dieses Bedürfnis zu befriedigen. Das ist oft anstrengend und stressig. Wenn wir irgendwann endlich das Bedürfnis befriedigt haben, entspannt sich die Situation und wir genießen das Erreichen unserer Ziele. Leider jedoch nur so lange, bis das nächste Bedürfnis anklopft und nun seinerseits erfüllt werden möchte. Und schon geht das Ganze von vorne los.

Die zweite Möglichkeit ist die, unsere Bedürfnisse zu reduzieren. Wenn es Ihnen gelingt, nur noch wenige oder sogar gar keine drängenden Bedürfnisse mehr zu verspüren, dann entspannen Sie sich ganz automatisch. Denn Sie haben ja kein Ziel mehr, dem Sie hinterherlaufen müssen, um glücklich zu sein, und Sie brauchen sich nicht mehr ständig anzustrengen, um noch dies oder jenes zu erreichen. Dieser Weg ist in mehrfacher Hinsicht verlockend. Zum einen brauchen Sie im Außen überhaupt nichts zu ändern, um sich zufrieden zu fühlen. Also keine ständigen Anstrengungen und Mühen, um doch endlich die Dinge zu ändern, die Sie vermeintlich bisher davon abgehalten haben, glücklich zu sein. Zum anderen erreichen Sie die damit verbundene Zufriedenheit nicht erst an einem fiktiven Punkt in der Zukunft, sondern Sie spüren sie sofort, wenn die Dringlichkeit der Bedürfniserfüllung wegfällt.

Wenn ich diesen Sachverhalt in meinen Seminaren erläutere, bekomme ich oft den Einwand, dass ich mich bei Verzicht auf meine Bedürfnisse ja nicht mehr weiter entwickeln würde, das Leben langweilig würde und dies im schlimmsten Fall ja sogar bedeuten könne, zukünftig nicht nur in unschönen Lebensverhältnissen, sondern gegebenenfalls sogar in Armut zu leben.

Ich kann Ihnen versichern, dass genau das Gegenteil der Fall sein wird. Wenn ich zufrieden bin und in meiner Kraft ruhe, fällt mir alles viel leichter. Ich werde Dinge erreichen, von denen ich vorher nur geträumt hatte. Der große Unterschied ist jedoch, dass ich nicht versuche, etwas zu erreichen, weil ich mich mit der heutigen Situation unzufrieden fühle, sondern einfach weil ich Freude daran habe und es mir Spaß macht.

Dabei stehen uns jedoch unsere Prägungen und die vielfältigen Einflüsse unserer Umwelt häufig im Wege. Deswegen braucht es ein wenig mehr, als nur die Entscheidung, dies zukünftig so zu handhaben. Aber es ist möglich und ich werde Ihnen die Schritte erklären, die zu dieser inneren Freiheit führen.

DIE FUNKTIONSWEISE UNSERES BEWUSSTSEINS

Sind Sie schon einmal an einer Kreuzung, ohne darüber nachzudenken, in die Richtung abgebogen, in die Sie üblicherweise fahren, obwohl Sie an diesem Tag ein anderes Ziel hatten? Oder haben Sie sich ein Stück Schokolade aus dem Schrank geholt, ohne dies wirklich bewusst geplant zu haben? In solchen Situationen lenkt uns die Macht des Unbewussten!

Das Unterbewusstsein: Notwendig, aber auch behindernd

Selbst wenn wir uns in solchen Situationen vielleicht über uns selbst ärgern, können wir uns grundsätzlich sehr glücklich schätzen, dass die Natur uns mit einem Unterbewusstsein ausgestattet hat. Wir wären sonst gar nicht in der Lage, alle Informationen bewusst zu verarbeiten, die gleichzeitig von unseren Nervenzellen aufgenommen werden. Allein die von den vielen Rezeptoren in unserer Haut gesendeten Informationen (kalt, warm, feucht, trocken, Druck, Schmerz etc.) würden uns hoffnungslos überfordern. Hinzukommen das Sehen, Hören, Schmecken und Riechen. Im Unterbewusstsein werden fast alle Informationen unterhalb der Bewusstseinsschwelle registriert und verarbeitet. Lediglich ein ganz kleiner Teil kommt in unser Bewusstsein.

Das Unterbewusstsein ermöglicht uns auch, so perfekt zu funktionieren, wie wir es tun. Stellen Sie sich nur einmal vor, wir müssten alle Muskeln, die wir zum Gehen brauchen, bewusst einzeln ansteuern und ihnen sagen, was sie als nächstes tun sollen. Wir wären schlichtweg nicht in der Lage, uns fortzubewegen. Bewusst geben wir aber nur den Befehl „Gehen" (und selbst das geschieht oft genug eher unbewusst) und unser Unterbewusstsein steuert alle notwendigen Vorgänge, damit dieses komplexe Zusammenspiel von Muskeln funktioniert.

In der gleichen Art und Weise, wie es uns nützt, kann das Unterbewusstsein aber auch Auslöser für unsere Probleme sein. Oft verhalten wir uns auf eine Art und Weise, die unser bewusster Verstand so nicht unterstützen würde. So ärgere ich mich über bestimmte Dinge, werde ohne erkennbaren Grund traurig oder vermeide aufgrund einer unbestimmten Angst Dinge, die ich eigentlich gerne tun würde. Auch jegliches suchtähnliche Verhalten, wie regelmäßig Zigaretten, Alkohol, Drogen oder auch übermäßige Nahrungsmengen zu konsumieren, würde unser bewusster Verstand so nie ausführen.

Einerseits ermöglichen Ihnen die unbewussten Automatismen also überhaupt erst, Ihr Leben zu leben. Andererseits sind es aber genau diese unbewussten Automatismen, die dafür verantwortlich sind, wenn es Ihnen noch nicht gelingt, Ihr Leben in voller Eigenverantwortung zu leben und glücklich und zufrieden zu sein. Genau diesem Teil widmen wir uns sehr intensiv in diesem Buch. Denn das Unterbewusstsein ist nicht auf alle Zeiten unveränderlich programmiert. Ich zeige Ihnen Übungen, mit denen Sie Ihre unbewusst gesteuerten Verhaltensweisen so verändern können, dass Sie wieder „der Herr – oder die Frau – im Hause" sind und sich nicht mehr als Opfer Ihrer unbewussten Prägungen fühlen müssen. Dazu bedarf es jedoch erst einmal ein wenig Theorie, damit Sie verstehen, wie unsere Prägungen entstehen und wie sie auf uns wirken.

Schematisch kann man unser Bewusstsein mit einem Eisberg vergleichen. Nur ein ganz kleiner Teil davon ist sichtbar, während der entscheidende Teil unter der Wasseroberfläche liegt und nicht unmittelbar erkennbar ist:

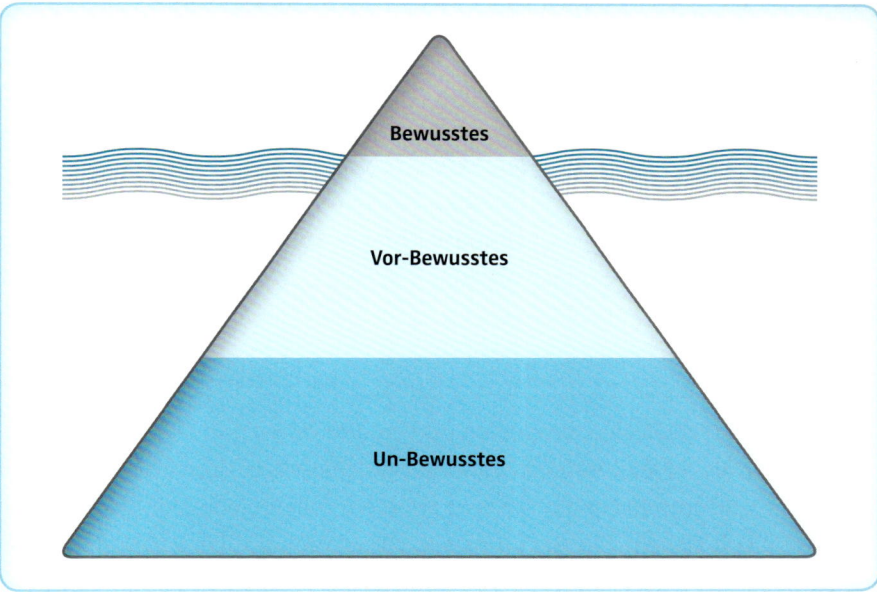

Die Ebenen des Bewusstseins

Der Bereich des Bewussten ist der Bereich, der uns unmittelbar präsent ist. Wenn ich mir etwa den Zeh anstoße, nehme ich den Schmerz sehr bewusst war. Gleichzeitig habe ich dann aber keine Aufmerksamkeit für viele andere Körperempfindungen. Auch erfolgen die meisten unserer Bewegungen unbewusst und alle vegetativen Funktionen des Körpers (z. B. Verdauung, Blutdruckregelung) sind fast ausschließlich unbewusst gesteuert.

Während bei einem Eisberg aber ungefähr ein Siebtel oberhalb der Wasseroberfläche sichtbar ist, ist unser Bewusstes verschwindend gering im Vergleich zu dem, was im Vor- und im Unbewussten passiert. Über das Verhältnis gibt es in der Literatur sehr unterschiedliche Zahlen. Beispielhaft wird genannt, dass wir unbewusst pro Sekunde ca. 20 Millionen Informationen, die über unsere Wahrnehmungszellen aufgenommen werden, verarbeiten können, während unser Bewusstsein nur 40 Impulsen pro Sekunde seine Aufmerksamkeit schenken kann. Andere Quellen sprechen von 7 oder 20 bewusst wahrnehmbaren Impulsen pro Sekunde. Unabhängig davon, wie viele es nun wirklich sind, ist klar, dass uns nur ein ganz kleiner Teil der Informationen und Impulse ins Bewusstsein kommt. Wir können als Homo Sapiens also zwar denken, doch fast alle unsere Handlungen, Gedanken und Gefühle werden von unbewussten Prozessen gesteuert.

Unterhalb des Bewussten gibt es den Bereich des Vor-Bewussten. Dies ist der Bereich, in dem uns die entsprechenden Gedanken und Impulse nicht bewusst sind, wir jedoch jederzeit die Möglichkeit haben, Zugang zu diesen zu bekommen. Hier sind die Dinge gespeichert, an die wir uns erinnern können, wenn wir darüber nachdenken.

Dagegen lassen sich Dinge, die im Unbewussten abgespeichert sind, nicht durch einfaches Nachdenken erschließen. Und das ist mit Abstand der größte Teil unseres Bewusstseins. Durch Untersuchungen hat man jedoch herausgefunden, dass auch Erinnerungen, von denen man glaubt, sie seien nicht mehr vorhanden, im Unbewussten immer noch gespeichert sind und beispielsweise unter Hypnose zugänglich werden.

Lernen und verlernen

Unser Gehirn besteht aus vielen verschiedenen Zellen. Die wichtigsten, die gleichzeitig am häufigsten vorkommen, sind die Nervenzellen, auch Neuronen genannt. Schätzungen zufolge haben wir zwischen 80 und 100 Milliarden solcher Neuronen in unserem Gehirn. In einer vereinfachten Darstellung sieht eine Nervenzelle wie folgt aus:

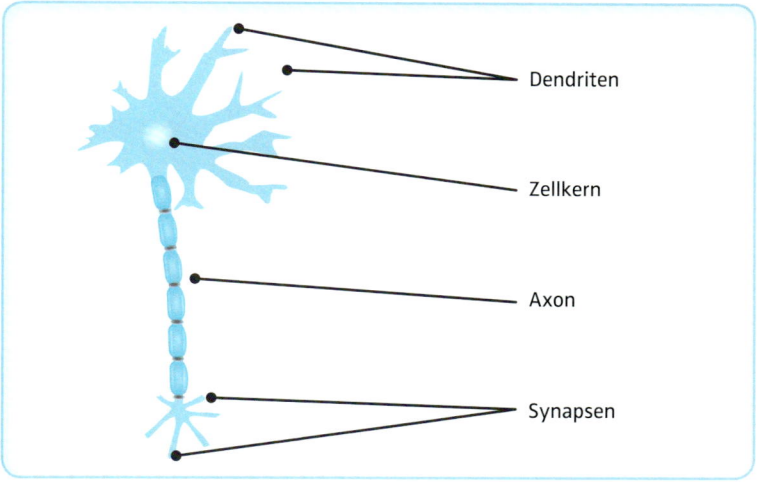

Vereinfachte Darstellung einer Nervenzelle

Die Aufgabe von Nervenzellen ist die Weiterleitung von Informationen – das macht unser Denken und Fühlen aus und ermöglicht uns z. B. auch, uns zu bewegen. Um diese komplexen Vorgänge möglich zu machen, sind die Nervenzellen mit vielen anderen Nervenzellen, aber auch mit Muskelzellen oder Drüsenzellen verbunden. Daher auch die spinnenartige Form der Zelle. Über die Dendriten erhält die Nervenzelle von anderen Nervenzellen Impulse, über das sogenannte Axon leitet die Nervenzelle die Impulse weiter. Während pro Zelle im Allgemeinen nur ein Axon existiert, das aber wiederum mit vielen anderen Nervenzellen verbunden sein kann, können bis zu 10 000 Dendriten vorhanden sein. Wird eine Nervenzelle ausreichend von einer anderen Nervenzelle angeregt, so erzeugt sie einen elektrischen Impuls, der entlang des Axons läuft. Solche Axone können sehr kurz sein, aber auch bis zu einem Meter Länge erreichen (z. B. im Ischiasnerv). Zwischen den Nervenzellen wird die Information aber nicht mehr durch elektrische Impulse übertragen. Hier kommen dann die sogenannten Synapsen ins Spiel. Diese liegen an der Verbindung zwischen den Verästelungen des Axons einer Nervenzelle und den Dendriten einer anderen Nervenzelle oder einer Zielzelle (z. B. Muskelzelle). Diese Synapsen haben einen mikroskopisch kleinen Spalt, d. h. die Nervenzellen berühren sich nicht direkt.

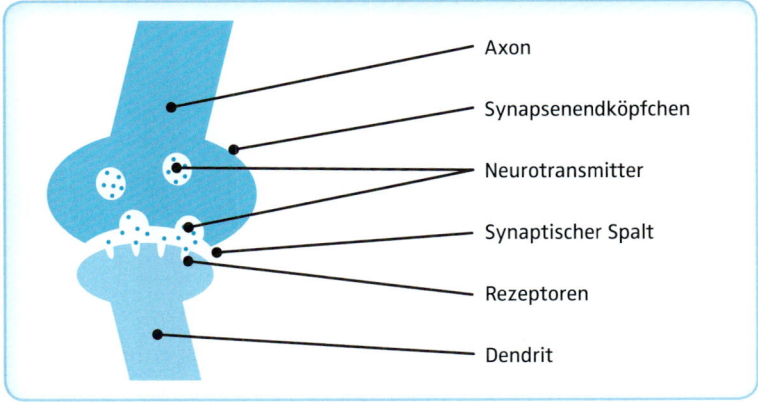

Axon

Synapsenendköpfchen

Neurotransmitter

Synaptischer Spalt

Rezeptoren

Dendrit

Vereinfachte Darstellung einer Synapse

Wenn nun der elektrische Impuls innerhalb des Axons den synaptischen Spalt erreicht, werden dort zahlreiche Bläschen mit Botenstoffen in den Spalt entleert. Diese sogenannten Neurotransmitter docken dann auf der anderen Seite des Spalts an den Rezeptoren der Empfängerzelle an. Werden ausreichend Botenstoffe von der Empfängerzelle aufgenommen, so führt dies zu einer chemischen Reaktion, die das elektrische Gleichgewicht dieser Zelle stört. Sie erzeugt nun ihrerseits einen elektrischen Impuls, der wiederum die an ihrem Axon angeschlossenen Synapsen aktiviert und die Botschaft an nachfolgende Nervenzellen weiterleitet.

Wenn diese Prozesse immer auf die gleiche Art und Weise ablaufen würden, wären wir nie in der Lage, neue Dinge zu lernen. Dies ist nur möglich, wenn sich entweder die Reizweiterleitung der bereits verbundenen Nervenzellen ändert oder sich sogar eine neue Verschaltung der Zellen ausbildet.

Was passiert im Gehirn beim Lernen?

Die Neurowissenschaftler Timothy Bliss und Terje Lømo untersuchten einzelne Synapsen. Sie stimulierten die Senderzelle mit einer winzigen Elektrode und maßen dann die Erregung der Empfängerzelle. Es zeigte sich dabei, dass ein schwacher Reiz auch nur zu einer schwachen Reaktion der zweiten Nervenzelle führte. Wurde das sendende Neuron aber stark stimuliert, führte das nicht nur zu einer starken Reaktion im empfangenden Neuron. Hinterher reagierte es auch viel stärker auf einen schwachen Reiz des ersten Neurons. Die synaptische Übertragung war durch die Aktivität offenbar effektiver geworden. Weitere Untersuchungen zeigten, dass eine sehr intensive oder eine sehr häufige Stimulierung auch zu einem Wachstum der entsprechenden Synapsen führt. Als Folge davon wird es für die Senderzelle immer leichter, die Empfänger-zelle zu stimulieren. Dieser als Langzeitpotenzierung bezeichnete Effekt ist die Grundlage des Lernens.

Praktisch funktioniert das folgendermaßen: Wir lernen zum Bei-spiel, dass die Farbe Rot bei einer Ampel bedeutet, anzuhalten. Jedes Mal wenn das „Rot-Neuron" aktiviert wird, aktivieren wir auch das „Stopp-Neuron". Mit der Zeit wird es dem „Rot-Neuron" immer leichterfallen, auch das „Stopp-Neuron" zu aktivieren, bis die beiden fast automatisch zusammen aktiv werden. Allerdings sind schon an diesem Lernvorgang nicht nur zwei Nervenzellen beteiligt, sondern ganze Zellnetzwerke. Der kanadische Psycho-biologe Donald Hebb hat dafür die Formulierung „Neurons that fire together, wire together" geprägt. Also: Neuronen, die gleichzeitig feuern, verbinden sich.

Aber es gibt auch das Gegenteil der Langzeitpotenzierung. Die-ses wird als Langzeitdepression bezeichnet. Wenn es häufiger vor-kommt, dass ein Impuls in der Senderzelle nicht ausreichend stark ist, um eine Aktivierung der Empfängerzelle zu erreichen, so wird es immer schwerer für die erste Zelle werden, die nachfolgende Zelle zu aktivieren. Dieser Effekt führt zum Verlernen von Fähigkei-ten oder auch zum Vergessen von Dingen.

Neue Verschaltung der Nervenzellen

Noch bis in die 1960er-Jahre war man der Meinung, dass die Ner-venzellen im Gehirn während der Kindheit wüchsen und dass die Entwicklung des Gehirns ab einem gewissen Zeitpunkt abge-schlossen sei. Inzwischen konnte aber nachgewiesen werden, dass auch beim erwachsenen Menschen immer noch neue Synapsen entstehen, andere aber auch wegfallen können. Bis ins hohe Alter können die Nervenzellen also nicht nur die Kommunikation in den bestehenden Synapsenverbindungen verändern, sondern sich auch mit anderen Nervenzellen neu verbinden – oder aber auch wieder voneinander abkoppeln. Es wurde sogar herausgefunden, dass auch beim erwachsenen Menschen noch komplett neue Nervenzellen nachwachsen können. Diese ständige Veränderung unseres Gehirns wird als Neuroplastizität bezeichnet.

Zwei Arten von Lernprozessen

Alles was wir tun und denken, führt unvermeidlich zu Veränderungen in unserem Gehirn. Andernfalls könnten wir uns an nichts erinnern und auch nichts lernen. Jede unserer Wahrnehmungen führt zu Impulsen im Gehirn, die wiederum automatisch auch eine Veränderung der Gehirnstruktur zur Folge haben. Ständig verändern sich so die Synapsenverbindungen unserer Gehirnzellen.

Nun gibt es zwei wesentliche Effekte, die die Verstärkung von Synapsenverbindungen in unserem Gehirn maßgeblich beeinflussen. Dies ist zum einen die Wiederholung und zum anderen die Intensität.

Stellen Sie sich vor, Sie nehmen einen Stock und zeichnen damit am Strand einen Kreis in den Sand. Machen Sie das nur ganz leicht, kann es sein, dass der Wind schon bald wieder Sandkörner darüber bläst und dieser Kreis nicht mehr zu sehen sein wird. Je tiefer der Kreis im Sand eingeritzt ist, umso länger wird er zu sehen sein. Wie können Sie nun aber den Kreis vertiefen? Hier gibt es zwei Möglichkeiten. Entweder ritzen Sie mehrfach hintereinander den gleichen Kreis oder aber Sie drücken gleich beim ersten Mal sehr fest auf und schaffen eine tiefe Kerbe.

Vergleichbar funktioniert auch unser Gehirn. Beim Lernen – dabei ist es egal, ob es ums Vokabellernen, um Bewegungsabläufe oder auch ums Lernen von Verhaltensweisen geht – bilden sich neue Synapsen im Gehirn oder es verstärken sich bestehende Verbindungen. Wenn dies nur schwach ausgeprägt erfolgt, sind die Synapsen ebenfalls schwach ausgeprägt. Dies führt dann zu Schwierigkeiten, im Bedarfsfall diese schwachen Verbindungen zu aktivieren – was zur Folge hat, dass wir uns an Gelerntes nicht erinnern können oder einen nur kurz geübten Bewegungsablauf nicht beherrschen.

Ähnlich wie bei der Zeichnung am Strand gibt es zwei Möglichkeiten, die Synapsenverbindungen zu verstärken. Entweder wiederhole ich etwas häufig – das ist der Effekt, der beim Lernen eines Musikinstruments zum Tragen kommt –, oder aber es gibt eine besonders starke Intensität. Letzteres passiert beispielsweise, wenn ich auf die heiße Herdplatte greife und mir die Hand verbrenne. In beiden Fällen entstehen so starke Verbindungen, dass das Gelernte wieder abgerufen werden kann. Solche starken Verbindungen werden zukünftig vom Unterbewusstsein verwendet: Wir sind uns also nicht darüber bewusst.

So hilft das Unbewusste beim Lernen

Am Beispiel des Schaltens beim Autofahren kann man sich gut klarmachen, wie wir beim Lernen zuerst sehr bewusst agieren und sich dann das Gelernte sukzessive ins Unterbewusstsein verlagert. Wenn Sie sich daran erinnern, wie Sie Autofahren gelernt haben, war es am Anfang wahrscheinlich so, dass der Fahrlehrer für Sie den Prozess „Schalten" in mehrere Einzelschritte zerlegt hat, die Sie nacheinander konzentriert ausgeführt haben:

Einzelschritte beim Lernprozess „Schalten"

Alle diese Vorgänge haben Sie zu diesem Zeitpunkt bewusst ausgeführt. Nach einiger Übung hatten Sie diese so weit verinnerlicht,
dass Sie zwar noch darüber nachdachten, welche Schritte durchzuführen sind, diese jedoch relativ unbewusst ausführten und der
Vorgang Schalten in Ihrem Bewusstsein nur noch ein einzelner
Vorgang war:

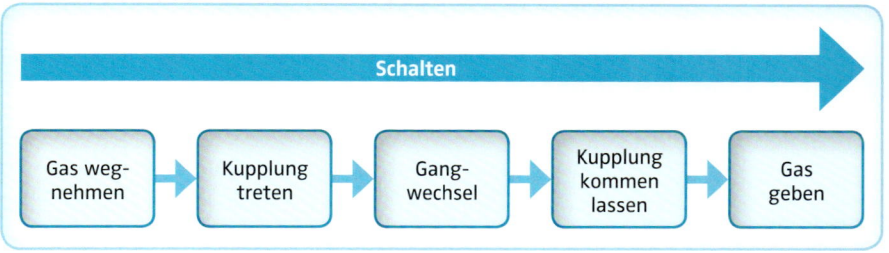

Stabilisierungsphase beim Lernprozess „Schalten"

Mit der Praxis wurde auch der eigentliche Schaltvorgang so weit
ins Unterbewusste verschoben, dass Sie heute beim Autofahren an
andere Dinge denken und sich sogar unterhalten können. Üblicherweise denken Sie über den Vorgang des Schaltens nun überhaupt
nicht mehr nach, sondern schalten ganz einfach. Sie führen den
Vorgang komplett automatisiert durch:

Schalten

Automatisierte Phase beim Lernprozess „Schalten"

All das basiert darauf, dass die entsprechenden Synapsen sich nun ausreichend stark ausgebildet haben. Je stärker dies der Fall ist, umso automatisierter läuft ein Prozess im Unterbewusstsein ab, also ohne dass wir uns in dem Moment darüber klar sind. Dies trifft jedoch nicht nur auf die klassisch gelernten Dinge zu, sondern auf alle anderen Prozesse, seien es bestimmte Verhaltensweisen, Gefühlsreaktionen oder auch Gedankenmuster.

Kann ich etwas verlernen?

Jeder, der einmal versucht hat, nur zum Spaß eine Sprache zu erlernen, kennt das Phänomen: Wenn ich eine erlernte Sache über längere Zeit nicht anwende, erinnere ich mich immer schlechter an die gelernten Inhalte und ich vergesse mehr und mehr das, was ich gelernt habe. Hier kommt der zuvor beschriebene Prozess der Langzeitdepression zum Tragen. Das trifft aber natürlich nicht nur auf gelerntes Wissen zu, sondern auch auf gelernte Verhaltensweisen. Wenn ich etwa über Jahre geraucht habe, haben sich die entsprechenden Synapsen stark ausgeprägt. Oft ist der Griff zur Zigarette dabei mit einem Auslöser verbunden. Viele Raucher greifen zum Beispiel automatisch zur Zigarette, wenn sie einen Kaffee trinken. In diesem Fall ist die Abfolge Kaffee – Zigarette sehr stark ausgeprägt und läuft völlig automatisch ab.

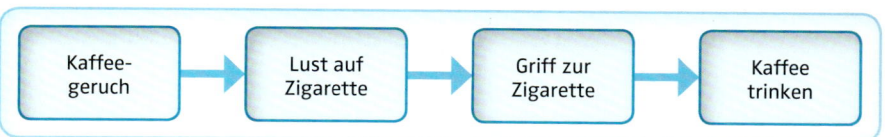

Aktive Reiz-Reaktionskopplung Kaffee – Zigarette

Aus diesem Grund berichten auch viele ehemalige Raucher, dass genau diese Situationen für sie nach dem Aufhören am schwierigsten waren. Noch lange nach dem Aufhören entsteht beim Kaffeegeruch immer noch die Lust auf eine Zigarette. Wenn ich es nun aber schaffe, für einen längeren Zeitraum keine Zigarette zu rauchen, so werden sich diese Synapsenverbindungen nach und nach abschwächen, während sich die Verbindungen für die neue Gewohnheit mit der Wiederholung immer stärker ausbilden. Irgendwann gelangen die meisten an den Punkt, an dem dieses Muster nicht mehr automatisch abläuft und sie Kaffee trinken können, ohne Lust auf eine Zigarette zu verspüren:

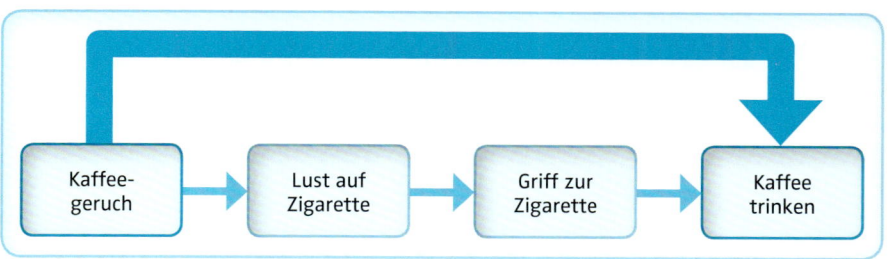

Verlernte Reiz-Reaktionskopplung Kaffee – Zigarette

Allerdings ist es so, dass die alten Synapsen zwar abgeschwächt, trotzdem aber noch vorhanden sind. Wenn ich nun diese alten Verbindungen reaktiviere (z. B. indem ich doch mal wieder eine

Zigarette rauche), dann werden sie sofort wieder deutlich aktiviert und sind oft wieder stärker als die neuen Verbindungen. Damit falle ich in mein altes, unbewusstes Verhalten zurück. Das ist der Punkt, an dem ehemalige Raucher schon durch das Rauchen einer einzigen Zigarette wieder rückfällig werden können.

Es gibt aber auch positive Beispiele wie das Radfahren. Wenn Sie einmal wirklich gelernt haben, Rad zu fahren, können Sie diese Fähigkeit auch nach 20 Jahren ohne Übung sehr schnell wieder reaktivieren. Selbst wenn die entsprechenden Synapsenverbindungen am Anfang etwas weniger schnell ansprechen und Sie sich vielleicht zunächst etwas wackelig auf dem Rad fühlen, werden Sie sehr schnell wieder in der Lage sein, sich sicher auf dem Rad zu halten.

Besonders gut funktioniert das Verlernen einer Gewohnheit, wenn regelmäßig ein anderes, alternatives Verhalten eingeübt wird. Dann bilden sich vom gleichen Ausgangspunkt aus neue Synapsenverbindungen aus, die irgendwann stärker sind als die alten. Ab diesem Zeitpunkt verfolgt unser Gehirn unbewusst die neuen Wege und ignoriert damit die alten Wege. Dies ist der Moment, wo ein geändertes Verhalten so stark verankert ist, dass es automatisch abläuft. Ich habe damit das alte Verhalten „verlernt". Bei dem obigen Beispiel des Rauchers führt es leider häufig dazu, dass Ersatzbefriedigungen gesucht werden, die nicht immer wünschenswert sind. In vielen Fällen ist das der Griff zu Süßigkeiten:

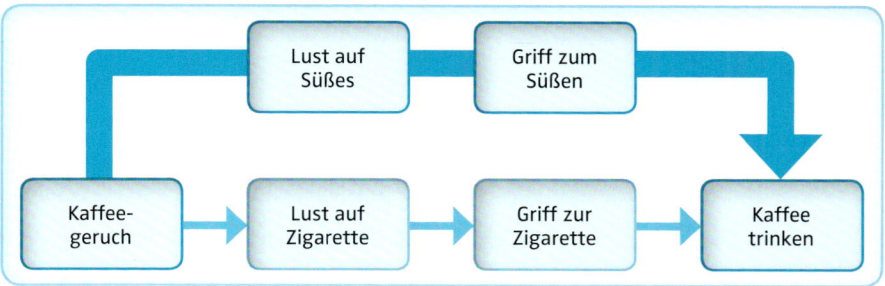

Ersatz-Reiz-Reaktionskopplung Kaffee – Zigarette

Ein anschauliches Bild für diesen Prozess des Lernens und Verlernens ist das von Wegen und Straßen. Wenn Sie etwas zum ersten Mal tun, bildet sich ein kleiner Trampelpfad in Ihrem Gehirn aus. Wenn Sie diesen länger nicht gehen, wächst dieser Pfad wieder zu und Sie werden Schwierigkeiten haben, ihn wiederzufinden. Je häufiger Sie den Pfad jedoch gehen, umso ausgetretener und breiter wird er. Damit ist er auch leichter zu finden und zu gehen.

Etwas, das wir ganz oft gemacht haben, wäre vergleichbar mit einer Autobahn, die Sie automatisch nehmen, wenn Sie von A nach B kommen wollen. Wollen Sie nun einen anderen Weg gehen, also eine Gewohnheit ändern, so gibt es dort noch keinen Weg und Sie fangen an, einen Trampelpfad neben der Autobahn auszubilden. Dieser wird erst breiter, anschließend als Straße geteert und vielleicht sogar zur mehrspurigen Autobahn ausgebaut. Wenn Sie von einem bestimmten Punkt an nur noch diese neue Autobahn benutzen, dann „verwildert" die alte Autobahn langsam, es gibt Risse im Asphalt, aus denen Gräser wachsen etc. Aber auch wenn man die alte Autobahn vielleicht irgendwann nicht mehr auf den ersten Blick sieht, ist sie nach wie vor vorhanden und kann meistens relativ leicht reaktiviert werden.

Alle unbewussten Verhaltensmuster – auch die ungewollten – beruhen also auf automatischen Abläufen in unserem Gehirn. Und dies betrifft wirklich alle: Suchtverhalten, Phobien, Ängste, ungewollte Emotionen, starres Festhalten an Glaubenssätzen etc. Daraus ergibt sich aber auch, dass ich alle ungewollten Verhaltensmuster verlernen kann und damit die Grundlage für ein glückliches Leben legen kann. Dafür muss ich nicht in langen Sitzungen bei der Psychoanalyse meine ganze Kindheit durchgehen, sondern es reicht, dort anzusetzen, wo die ungewollten Verhaltensweisen heute auftreten. Wenn ich meine Synapsen im Gehirn durch gezieltes „Lernen" und „Verlernen" verändere, kann ich so schrittweise die ungewünschten Verhaltensweisen abändern und durch gewünschte Verhaltensweisen ersetzen.

Kann ich auch im Alter noch lernen?

Jeder von uns macht die Erfahrung, dass es mit zunehmendem Alter schwieriger wird, Neues zu lernen. Im Gehirn eines Kleinkindes sind noch relativ wenige Synapsen ausgeprägt. Daher gelingt es leicht, beim Lernen neue und auch kräftige Verbindungen zu bilden. So schafft es ein kleines Kind, in relativ kurzer Zeit viele Sachen zu lernen und auch zu behalten (die Muttersprache oder das Laufen). Je älter wir werden, umso mehr haben die Verbindungen der Nervenzellen in unserem Gehirn bereits eine feste Struktur und umso schwieriger wird es, hier wesentliche, neue Verbindungen aufzubauen. Aber wie bereits dargestellt, ist es inzwischen wissenschaftlich erwiesen, dass die sogenannte Neuroplastizität bis ins hohe Alter vorhanden ist. Die Eigenschaften von Synapsen, Nervenzellen oder auch ganzer Hirnareale können sich also immer verändern.

Zugegebenermaßen ist dafür im Erwachsenenalter etwas mehr Aufwand nötig als bei Kindern. Aber da unser Gehirn ungeheuer ökonomisch funktioniert, werden nicht mehr benötigte Synapsen relativ schnell zugunsten neuer Verbindungen „stillgelegt". Daher reicht es manchmal schon, einmal eine starke neue Verknüpfung zu schaffen, um den alten Kreislauf zu unterbrechen. Bei stark ausgeprägten Verhaltensmustern wird es jedoch so sein, dass die neuen Verbindungen im Gehirn häufiger trainiert werden müssen, um den Automatismus auf diese Verbindungen umzuleiten.

Unsere Prägungen und wie sie entstehen

Wie gerade gesehen, lernen wir in jungen Jahren schneller und einfacher als in den späteren Lebensjahren. So können wir vergleichsweise schnell alles lernen, was wir zum Leben brauchen. In diesen ersten Lebensjahren formen sich auch Gedankenmuster, die uns im späteren Leben entweder hilfreich sein oder uns behindern können. Dies können Glaubenssätze und automatisierte Verhaltensweisen sein, aber auch Bewertungen, mit denen wir dann durch unser Leben gehen.

Wer zum Beispiel eine liebevolle Kindheit erlebt hat, kennt wenige Blockaden und eher unterstützende Glaubenssätze wie „Ich bin ein wertvoller Mensch!". Wer in seiner Kindheit eher mit Menschen zu tun hatte, die es selbst nicht ausreichend gelernt hatten zu lieben, der sieht sich mit vielen Blockaden und behindernden Glaubenssätzen konfrontiert wie „Ich bin dumm!", „Ich bin nicht liebenswert!"

Wie schon bei der Beschreibung des Lernens dargestellt, führen zwei Mechanismen zu den stärksten Prägungen und Glaubenssätzen:

Häufige Wiederholung von Gedankengängen formt die Denkstrukturen in unserem Gehirn. Bekomme ich zum Beispiel als Kind immer wieder gesagt, dass ich etwas bestimmtes, wie etwa Rechnen, nicht gut kann, werden sich diese Synapsen stark ausprägen. Wenn ich dann später einmal eine Tätigkeit wie einen kaufmännischen Beruf ausüben möchte, kommt sofort der Gedanke hoch, dass ich das ja nicht gut kann. Damit blockiere ich mich schon extrem, bevor ich überhaupt begonnen habe – und es wird mir wahrscheinlich auch nicht gelingen, diese Tätigkeit wirklich gut auszuführen. Was wiederum zur Bestätigung und Verfestigung des Glaubenssatzes meiner Unfähigkeit führt.

Der Mechanismus, der mir bei der heißen Herdplatte dazu verhilft, zukünftige Verbrennungen zu vermeiden, auch wenn ich diese Erfahrung nur einmal gemacht habe, funktioniert in gleicher Art und Weise auch bei erlernten Verhaltensweisen. Je stärker die mit der Erfahrung verbundene Emotion ist, umso stärker bilden sich die Verbindungen der Neuronen aus. Im Extremfall führt dies zu einem Trauma. Dann aktiviert ein ähnlicher Auslöser genau diese Verbindungen und führt zu einer unbewussten und automatischen Reaktion. So kann es sein, dass ich als Kind von einem Hund angegriffen oder auch nur angebellt wurde und damals extrem große Angst verspürt habe. Durch die starke Synapsenverbindung in diesem Fall empfinde ich dann in Zukunft schon beim Anblick eines Hundes wieder genau diese Angst. Da dieser Prozess unbewusst abläuft, bin ich mir über diese Ursache aber nicht im Klaren. Ich verspüre nur die Angst, ohne zu wissen, warum das so ist.

Viele Prägungen beruhen aber auch auf Entscheidungen, die ich selbst getroffen habe. Natürlich war dies im Kindesalter kein bewusster Prozess. Aber immer war ich selbst derjenige, der sich in einer bestimmten Situation – meist unbewusst – entschied, mich in Zukunft in vergleichbaren Situationen auf eine bestimmte Art und Weise zu verhalten oder zu fühlen. So gibt es Entscheidungen, sich aus Liebe zu Mama oder Papa auf eine bestimmte Art und Weise zu verhalten, gewisse Dinge nie zu tun oder in bestimmten Situationen eine bestimmte, festgelegte Reaktion an den Tag zu legen. Auf diesen Entscheidungen baut mein weiteres Leben auf, denn auf den gleichen Auslöser, bei dem in unserer Kindheit eine Reaktion angemessen war, reagieren wir als Erwachsene immer noch automatisch auf die gleiche Art und Weise. Dass diese Reaktion dann als Erwachsener unter Umständen nicht mehr angemessen ist, bereitet uns Probleme.

Ein Beispiel kann das Kind sein, das sich von seinen Eltern nicht ausreichend geliebt fühlt und irgendwann entdeckt, dass es durch einen heftigen Wutanfall zumindest die Aufmerksamkeit seiner Eltern bekommt. Im Erwachsenenalter kann dies zu einer cholerischen Persönlichkeit führen. Unbewusst ist der Betroffene aber immer noch in dem Muster „Ich habe einen Wutanfall, damit ich die Aufmerksamkeit meiner Eltern bekomme" gefangen.

Da diese prägenden Entscheidungen unbewusst getroffen wurden oder inzwischen eine unterbewusste Reaktion geworden sind, sind sie uns mit dem Verstand nicht zugänglich. Wir spüren nur die Auswirkungen in unserem Leben. Das können Ängste in bestimmten Situationen sein, die uns daran hindern, Dinge zu tun, die wir eigentlich gerne tun würden. Oder das Verhalten eines Menschen löst bei uns schlechte Gefühle wie Wut oder Traurigkeit aus, ohne dass wir genau sagen können, warum dies so ist. Erfahrungsgemäß treten solche unbewussten Verhaltensweisen sehr häufig auf. Oft nur gering ausgeprägt, ohne dass wir uns darüber bewusst werden, manchmal auch so vehement, dass wir über unsere Reaktion selbst erstaunt sind.

Im Lauf unseres Lebens haben wir ein ganzes Paket von Glaubenssätzen über uns und die Welt verinnerlicht, automatisierte Verhaltensmuster entwickelt und Bewertungen abgespeichert. Die entsprechenden Reaktionen werden unbewusst aktiviert, wenn ein entsprechender Auslöseimpuls vorliegt. Und schon bewerten wir einen Menschen oder eine Situation, ohne uns darüber im Klaren zu sein. Wir verhalten uns automatisch in einer bestimmten Art und Weise oder sind von der Richtigkeit bestimmter Glaubensmuster überzeugt.

Ein Teil dieser Prägungen ist im Vor-Bewusstsein gespeichert und uns durch Nachdenken noch zugänglich. Dann wissen wir, dass wir davon überzeugt sind, nicht singen zu können, weil wir das als Kind von unseren Eltern häufig gesagt bekamen. Je früher die Prägungen in unserem Leben erfolgt sind, desto tiefer sind sie in unserem Unterbewusstsein verankert und wir können sie uns auch durch Nachdenken nicht erschließen. Gerade in den ersten Lebensjahren erfolgen die meisten dieser Prägungen. Doch wer kann sich noch bewusst an diese Zeit erinnern?

Traumata sind uns im Allgemeinen auch dann nicht zugänglich, wenn sie zu einem späteren Zeitpunkt passieren: Unser Unterbewusstsein wendet den Schutzmechanismus der Verdrängung an. Er soll verhindern, dass die mit der traumatischen Erfahrung verbundenen Gefühle – im Allgemeinen handelt es sich um eine als lebensbedrohlich empfunden Erfahrung – noch einmal gespürt werden müssen.

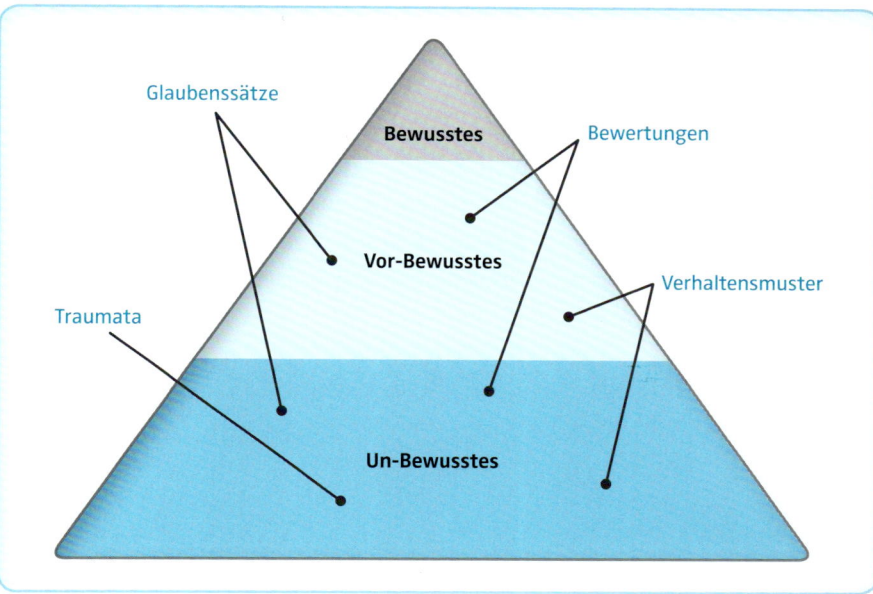

„Erlernte" Prägungen

Selbstverständlich erwerben wir auch während unseres gesamten Lebens neue Glaubenssätze, Bewertungen und Verhaltensmuster. Wenn ich zum Beispiel erfolgreich in meinem Beruf bin, werde ich nach und nach den Glaubenssatz entwickeln, dass ich gut bin in dem, was ich dort tue. Lerne ich eine neue Sportart oder ein Instrument, verinnerliche ich nach vielem Üben gewisse Bewegungsabläufe (= Verhaltensmuster), die ich dann automatisiert durchführe, ohne darüber nachzudenken.

Gerade die Prägungen der frühen Kindheit beeinflussen uns unser gesamtes Leben lang, ohne dass wir uns darüber im Klaren wären. Aber – und das ist die gute Nachricht –, auch wenn uns diese Prägungen nicht bewusst zugänglich sind, gibt es Möglichkeiten, diese zu verändern und zu einem bewussteren und zufriedeneren Leben zu gelangen.

Da kommt wieder die Neuroplastizität unseres Gehirns ins Spiel. Nichts ist dort unverrückbar festgelegt. Unser Gehirn verändert sich ständig und damit haben wir die Möglichkeit, auch die tief in unserem Unterbewusstsein gespeicherten Prägungen zu verändern. Wie dies geht, erfahren Sie in den nachfolgenden Kapiteln.

MEDITATION ALS LERNPROZESS

Früher dachte ich, Meditation sei nur etwas für weltfremde Leute, die sich irgendwo im esoterischen Bereich bewegen und versuchen, die Erleuchtung zu erlangen. Ich fand es ziemlich obskur, sich hinzusetzen und zu versuchen „nichts" zu denken. Aber heute weiß ich, dass Meditation ein sehr effektives Trainingsprogramm für unser Gehirn ist.

Im Hier und Jetzt geht es mir gut

Wenn ich damals versuchte zu meditieren, gelang mir das immer nur für ein paar Sekunden, dann schweiften meine Gedanken wieder ab und beschäftigten sich mit anderen Dingen. Ich entschied also, dafür kein Talent zu haben und ließ es für lange Zeit sein.

Erst als ich mich später wieder mit dem Thema befasste, verstand ich, dass es bei der Meditation um etwas ganz anderes geht. Vor allem die „Achtsamkeitsmeditation" stellte sich nun als ein wunderbares Mittel heraus, um mich selbst besser kennenzulernen und Veränderungsprozesse in Gang zu bringen. Mir wurde klar, dass Meditation nichts anderes ist als ein Gehirntraining, das uns zu mehr Zufriedenheit im Leben verhelfen kann.

Kennen Sie das? Sie machen etwas, das Ihnen Freude bereitet und gehen in dem Moment voll in dem auf, was Sie tun. Sie denken weder über die Vergangenheit noch über die Zukunft nach und genießen einfach konzentriert den Augenblick. Sie sind voll und ganz im Hier und Jetzt. In diesem Moment empfinden Sie keine Sorgen oder Ängste, sondern fließen mit dem, was Sie tun. Daher nennt man diesen Zustand auch „Flow".

Leider sind wir jedoch selten zu 100 Prozent im Hier und Jetzt. Meist schweifen unsere Gedanken entweder in die Zukunft ab oder gehen in die Vergangenheit zurück:

Zeitliche Gedankenstruktur

Im positiven Fall planen wir etwas für die Zukunft oder wir denken über etwas Vergangenes nach, um daraus zu lernen. Oft jedoch sind unsere Gedanken sehr viel weniger zielgerichtet. Dies kann dann dazu führen, dass wir uns schlecht fühlen. Denn es ist so, dass bei den inneren Abläufen in unserem Gehirn kein Unterschied besteht, ob etwas real passiert (= die Impulse kommen von den Rezeptoren, wie Augen, Ohren etc.) oder ob etwas nur in unserer Vorstellung passiert (= die Impulse kommen von anderen Gehirnzellen). Besonders deutlich erleben Sie diesen Effekt beispielsweise bei einem Albtraum, den Sie wie die Wirklichkeit erleben, obwohl im Außen nichts passiert. Diese Eigenschaft unseres Gehirns hat zur Folge, dass die mit einer bestimmten Situation verbundenen Gefühle auch dann aktiviert werden, wenn ich diese Situation nur in meiner Vorstellung durchdenke. Deswegen sind Gedanken an die Zukunft häufig mit Sorgen und Ängsten verbunden und bei der Erinnerung an vergangene Situationen spüren wir die damit verknüpften Emotionen. Wenn ich mich also geärgert habe, werde ich diese Wut wieder spüren, wenn ich mich an die Situation erinnere. Andererseits kann die Vorstellung, am nächsten Tag einen Vortrag halten zu müssen, schon heute Ängste auslösen. Es wäre also oft sinnvoller, im Hier und Jetzt zu sein, als sich mit den Gedanken in der Vergangenheit oder der Zukunft zu bewegen.

Jetzt werden Sie vielleicht sagten, dass es auch schöne Erinnerungen und Vorfreude gibt, die mit angenehmen Emotionen verbunden sind. Ja, da haben Sie recht. Leider ist es aber so, dass die Gedanken der meisten von uns sehr viel häufiger mit unangenehmen Emotionen verbunden sind als mit positiven. Letztlich geht es auch nicht darum, keine Gedanken mehr in die Vergangenheit oder Zukunft zu richten, sondern vielmehr darum, bewusst zu entscheiden, was ich denken möchte anstatt „gedacht zu werden".

Da unsere Gedanken ebenso von unserem Unbewussten gesteuert werden wie unsere Handlungen, entscheiden wir im Allgemeinen nicht bewusst, was wir denken. Und da kommt wieder der Effekt des Lernens ins Spiel: Nehmen wir an, Sie haben sich in einer Situation über jemanden geärgert. Wenn Sie darüber nachdenken, so werden Sie auch das Gefühl des Ärgers wieder spüren können. Für unser Gehirn ist das aber so, als ob wir diese Situation noch einmal erleben würden – und wie bei allem gilt: Je häufiger ich etwas tue, umso stärker werden die Synapsenverbindungen im Gehirn.

Das gleiche passiert, wenn Sie sich Sorgen um eine zukünftige Situation machen. Es ist so, als würden Sie sie schon erleben, und Sie speichern diese dann mit dem zugehörigen Gefühl der Angst im Gehirn ab. Wenn Sie so etwas sehr häufig denken, werden die Synapsenverbindungen so stark, dass automatische „Gedankenkreise" entstehen. Dann brauchen Sie nur einen kleinen Auslöser, um sich wieder und wieder Sorgen um eine zukünftige Situation zu machen und dabei jedes Mal die damit verbundenen Ängste zu spüren:

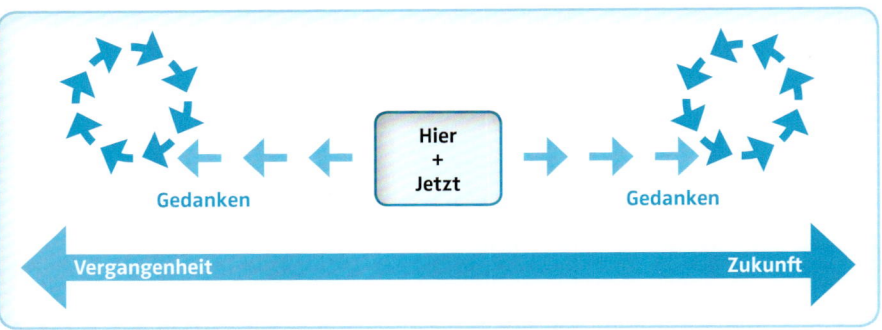

Gedankenkreise

Da diese Gedankenkreise automatisiert in den gleichen Bahnen ablaufen, führen sie normalerweise nicht zur Lösung eines Problems. Sie wiederholen nur wieder und wieder dieselben Gedanken und die damit verbundenen Emotionen. Das ist überhaupt nicht hilfreich – weder für eine konstruktive Lösungsfindung noch für ein glückliches Leben.

Wie aber können wir es schaffen, diese automatisierten Gedankenkreise zu unterbrechen und mehr und mehr vom unbewussten „Gedacht werden" zum eigenverantwortlichen Denken zu kommen? An dieser Stelle kommt die Meditation ins Spiel.

Mit Achtsamkeitsmeditation trainieren, zufriedener zu sein

Grundlage der Meditation, die ich Ihnen vorstellen werde, ist die Konzentration auf den Atem. Und da liegt schon der erste wichtige Punkt. Meditation ist eine hochkonzentrierte Angelegenheit. Zwar sieht es von außen so aus, als würde ich nichts tun, aber innerlich bin ich in einem sehr konzentrierten Zustand. Entgegen der landläufigen Meinung geht es bei der Meditation nicht um das Erreichen eines Entspannungszustands, wie dies zum Beispiel beim Autogenen Training der Fall ist. Trotzdem führt regelmäßige Meditation insgesamt zu größerer Entspannung, aber dies beruht auf den Lerneffekten, die ich Ihnen noch schildern werde.

Der zweite entscheidende Punkt ist, dass das Abschweifen der Gedanken bei der Achtsamkeitsmeditation völlig normal ist. Es gehört sogar zu dem Prozess dazu, mit dem ich mich selbst dank Meditation besser kennenlerne. Es geht also nicht darum, geistigen Versenkungszuständen hinterherzulaufen, sondern ganz einfach darum, immer besser zu verstehen, wie mein Gehirn und meine Gedanken funktionieren und diese sukzessive „umzutrainieren", mit dem Ziel, zu denken und nicht „gedacht zu werden".

Bei dieser effektiven Mediationstechnik (genaue Anleitung siehe nachfolgendes Kapitel) konzentrieren Sie sich einfach auf die Empfindung, die Ihr Atem beim Ein- und Ausströmen verursacht. An einen gewissen Punkt werden Sie merken, dass Ihre Konzentration nicht mehr beim Atem ist und Ihre Gedanken wie von selbst anfangen, in eine andere Richtung zu gehen. Es kann sein, dass Sie plötzlich über Vergangenes nachdenken oder aber auch, dass Ihre Gedanken in die Zukunft gehen und Sie sich zukünftige Situationen ausmalen, sich darüber Sorgen machen oder was auch immer.

Genau an diesem Punkt beginnt nun der immense Lerneffekt. Wenn Sie bemerken, dass Ihre Konzentration nicht mehr beim Atem ist, lassen Sie den aktuellen Gedanken ziehen und konzentrieren sich einfach wieder auf Ihren Atem. Die Meditation ist also nicht eine ununterbrochene Konzentration auf den Atem, sondern ein ständiger Wechsel:

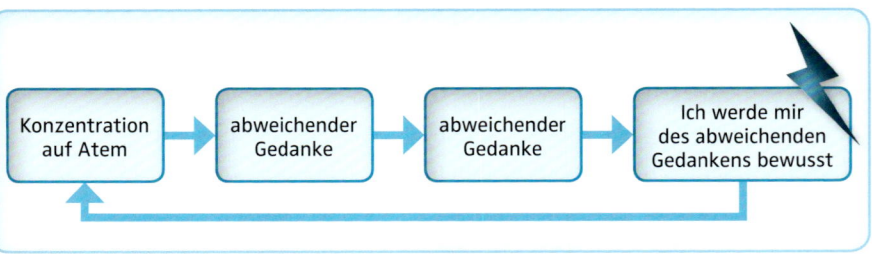

Konzentration auf den Atem und Gedanken

In den Momenten, in denen Ihnen bewusst wird, dass Sie mit Ihrer Konzentration nicht mehr beim Atem sind, beobachten Sie Ihre Gedanken wie aus einer neutralen Position heraus. Sie sind also ein Beobachter Ihrer Gedanken und stellen fest, dass Sie – obwohl Sie es nicht wollten – wieder ganz automatisch in einen Gedanken oder eine ganze Gedankenkette geraten sind. So lernen Sie mit der Zeit, immer mehr zu verstehen, wie Ihr Gehirn funktioniert. Vor allem wird Ihnen klar, dass Sie Ihre Gedanken im Allgemeinen nicht bewusst steuern, sondern dass Sie häufig „gedacht werden".

Mit regelmäßiger Übung durch Mediation wird es Ihnen aber immer schneller gelingen, sich solcher Gedankenketten bewusst zu werden. Damit haben Sie die Möglichkeit, nicht förderliche Gedanken früher zu erkennen. Das wiederum kann Ihnen helfen, negative Gedanken rechtzeitig zu stoppen, bevor diese dazu führen, dass Sie sich schlecht fühlen.

In den Momenten, in denen Sie Ihre Konzentration auf dem Atem halten, sind Sie im Hier und Jetzt. Die Meditation dient also dazu, immer wieder ins Hier und Jetzt zurückzukehren:

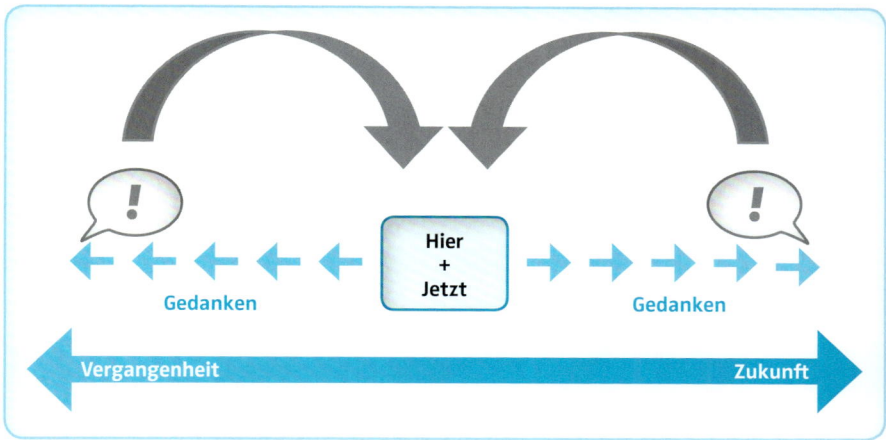

Schemadarstellung Achtsamkeitsmeditation

Wenn Sie regelmäßig meditieren, nutzen Sie den Lerneffekt Ihres Gehirns für sich aus. Wie wir bereits gesehen haben, speichern wir in unserem Gehirn nicht nur Dinge ab, die wir erlebt haben, sondern bilden auch Synapsenverbindungen für häufiger gedachte Gedanken aus. Je häufiger Sie die Unterbrechung „Ich registriere, dass ich einen abweichenden Gedanken habe und kehre zum Hier und Jetzt zurück" innerlich durchführen, umso mehr prägen sich nun auch diese entsprechenden Verbindungen im Gehirn aus.

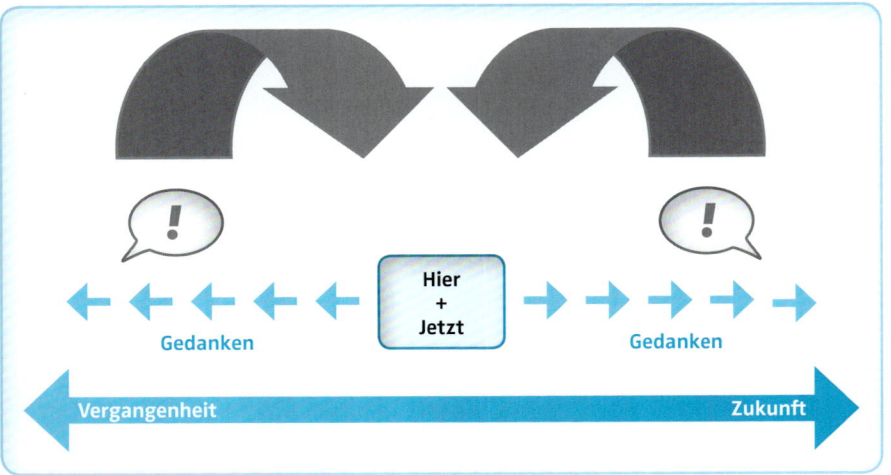

Lerneffekt bei der Meditation

Und so wird diese Gedankenverbindung zu einem Automatismus werden, der auch mehr und mehr im normalen Leben und nicht nur in der Meditation aktiviert wird. Das ermöglicht Ihnen, zu bemerken, dass Sie wieder „gedacht wurden": Indem ich dann ins Hier und Jetzt zurückkehre, gebe ich mir die Möglichkeit, aktiv zu entscheiden, ob ich diese Gedankenkette weiterdenken möchte oder nicht doch lieber etwas anderes denke.

Besonders fühlbar wird dieser Effekt, wenn es uns gelingt, aus den belastenden Gedankenkreisen auszusteigen.

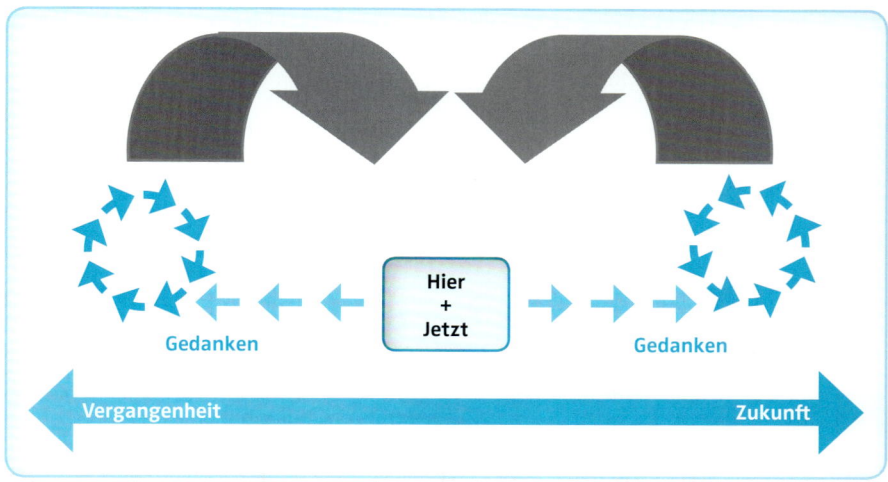

Ausstieg aus Gedankenkreisen

Dafür bedarf es natürlich einiger Übung: Es kreisen oft ähnliche Gedanken, die bereits eine starke Prägung unseres Gehirns bewirkt haben. Wenn Ihnen die Unterbrechung aber gelingt, haben Sie den ersten Schritt zu einem zufriedeneren Leben getan. Allein schon wenn Sie diese Meditationstechnik regelmäßig üben, wird sich viel in Ihrem Leben verändern. Es gibt inzwischen zahlreiche wissenschaftliche Studien, die belegen, dass regelmäßige Meditation unter anderem folgende Effekte haben kann:

- Stressreduktion und Entspannung, Förderung der Gelassenheit
- Senkung von Blutdruck, Verringerung des Herzinfarktrisikos
- Verbesserung der Konzentrationsfähigkeit
- Verminderung von Ängsten und Depressionen
- Unterstützung bei Suchtproblematiken

Anleitung zur Achtsamkeitsmeditation

Suchen Sie sich einen ruhigen Ort, an dem Sie für die Dauer der Meditation ungestört sind. Nehmen Sie sich zehn Minuten Zeit. Um nicht auf die Zeit achten zu müssen, empfehle ich, einen Timer oder Wecker zu stellen, der am Schluss der Meditation klingelt.

Setzen Sie sich entweder auf einen Stuhl oder auf ein Meditationskissen bzw. -bänkchen. Es hilft der Konzentration, wenn Sie den Rücken möglichst gerade halten und sich am besten nicht anlehnen. Die Hände können Sie ganz entspannt auf die Oberschenkel legen.

Schließen Sie Ihre Augen und lenken Sie Ihre Aufmerksamkeit zu Ihrem Atem. Konzentrieren Sie sich auf die Innenseite Ihrer Nasenflügel und spüren Sie sowohl beim Ein- als auch beim Ausatmen, wie die Luft an den Nasenflügeln entlang streicht. Atmen Sie ganz entspannt und versuchen Sie, Ihren Atem nicht zu beeinflussen. Also nicht besonders kräftig atmen (was man gerne tut, um den Atem deutlicher zu spüren), sondern den ganz normalen Atemrhythmus beibehalten und den Atem einfach beobachten.

An einen gewissen Punkt werden Sie merken, dass Ihre Konzentration nicht mehr beim Atem ist und Ihre Gedanken wie von selbst anfangen, in eine andere Richtung zu gehen. Wenn Sie bemerken, dass Sie abschweifen, lassen Sie den aktuellen Gedanken ziehen und konzentrieren sich wieder auf Ihren Atem.

Wichtig ist, den Gedanken in diesem Moment nicht zu bewerten und nicht darüber nachzusinnen, warum Sie dies gedacht haben. Vor allem: Verurteilen Sie sich nicht dafür, dass Sie die Konzentration auf den Atem nicht aufrechterhalten haben.

Wenn bei der Meditation unangenehme Empfindungen auftauchen, versuchen Sie, diesen nicht nachzuhängen, sondern sie einfach wahrzunehmen und dann ziehen zu lassen und sich wieder auf den Atem zu konzentrieren. Auch bei auftretenden Schmerzen (z. B. vom langen Sitzen) ist es gut, diese erst einmal nur wahrzunehmen. Selbstverständlich können Sie sich dann aber bewegen und eine angenehmere Position finden, um die Meditation fortzusetzen. Versuchen Sie aber, dies sehr bewusst zu tun.

Lassen Sie sich nicht davon beeindrucken, dass Ihre Gedanken immer und immer wieder abschweifen. Das ist gerade am Anfang völlig normal und erst dadurch entsteht der wirkliche Mehrwert der Meditation. Wichtig ist auch, weder Gedanken des Verlangens („Ich möchte dieses gute Gefühl weiter spüren") noch des Vermeidens („Ich möchte dieses unangenehme Gefühl nicht mehr spüren") zu verfolgen, sondern sich ohne Bewertung einfach immer wieder auf den Atem zu konzentrieren.

Nachfolgend noch einmal eine zusammengefasste Übungsanleitung:

ÜBUNG 1 „ACHTSAMKEITSMEDITATION"   !

1. Setzen Sie sich an einen ruhigen Ort und schließen Sie die Augen!
2. Konzentrieren Sie sich auf die Empfindung Ihres durch die Nase ein- und ausströmenden Atems!
3. Sobald Sie merken, dass Ihre Konzentration nicht mehr beim Atem ist, einfach wieder zum Atem (Schritt 2) zurückkehren!

Führen Sie diese Übung für 10 Minuten durch.

HINWEISE

• Es ist normal, dass beim Meditieren Gefühle hochkommen.
Diese können sowohl emotional sein (Trauer, Freude, Angst) als auch
körperlich (Schmerz, Wärme, Kälte, Druck). Da wir nicht in der Lage
sind, mehrere Gefühle gleichzeitig bewusst zu empfinden, wird kein
Gefühl dauerhaft unsere Aufmerksamkeit in Anspruch nehmen.
Wenn Sie während der Meditation ein Gefühl bewusst empfinden,
sind Sie nicht mit Ihrer vollen Konzentration beim Atem. Kehren Sie
also einfach wieder zu Ihrem Atem zurück. Es ist nicht ausge-
schlossen, dass Sie beim nächsten Abschweifen der Gedanken wieder
beim gleichen Gefühl landen. Jedoch werden Sie viel häufiger feststellen, dass sich das Gefühl zwischenzeitlich verändert hat.
Statt zum Beispiel ein leichtes Zwicken im Fuß zu spüren, kommt als
nächstes vielleicht ein Gefühl von Trauer auf. Bei erneuter Konzentration auf den Atem wird sich auch dieses wieder verändern.
Und so weiter ...

• Natürlich ist es am Anfang gerade bei starken Gefühlen (z. B.
Schmerzen, Wut) schwierig, dieses Gefühl einfach loszulassen und
sich wieder auf den Atem zu konzentrieren. Aber beginnend mit den
weniger heftigen Gefühlen werden Sie feststellen, dass kein Gefühl
dauerhaft bleibt. Und das ist die zweite, ganz wichtige Lernerfahrung
der Meditation. Denn unbewusst machen wir ganz viel in unserem
Leben, um entweder ein Gefühl zu vermeiden oder aber, um ein
bestimmtes Gefühl zu erreichen. Wenn ich aber in regelmäßiger
Meditation lerne, dass alle Gefühle nur vorübergehend wahrgenommen werden, ist es auch nicht mehr wichtig, ungesunde Ver-
langens- oder Vermeidungsstrategien zu etablieren, wie sie z. B. bei
Suchtverhalten stark ausgeprägt sind. Auch hier überträgt sich die
Lernerfahrung der Meditation sukzessive auf unseren Alltag und
ermöglicht uns immer mehr, einfach die Gefühle zu akzeptieren,
die gerade da sind. Wissend, dass auch diese sich wieder verändern
werden.

- Da wir wissen, dass unser Gehirn sich ständig weiterentwickelt, können Sie sich durch die Meditation neue Denkmuster antrainieren, die Ihnen in Ihrem Leben viel helfen werden. Dafür ist es jedoch notwendig, regelmäßig zu trainieren. Daher sollten Sie die Meditation fest in Ihren Tagesauflauf einbauen.

Nehmen Sie sich in einem ersten Schritt von nun an täglich zehn Minuten Zeit für die Meditation. Wichtiger als die Dauer ist die Regelmäßigkeit. Denn nur durch Wiederholung bildet unser Gehirn die neuen Synapsenverbindungen aus, die helfen, das Erlernte auch ohne Anstrengung im Alltag anzuwenden. So, wie Sie leichter Vokabeln lernen, wenn Sie sie jeden Tag zehn Minuten wiederholen, anstatt sie sich einmal pro Woche eine gute Stunde lang anzusehen.

MEIN AKTIVITÄTSPLAN

Folgende Aktivität sollten Sie von nun an ausführen:

Aktivität	Dauer	Zyklus
Achtsamkeitsmeditation	10 min.	täglich

AKZEPTANZ UND DANKBARKEIT SIND DIE SCHLÜSSEL ZUM GLÜCK

Die Dinge zu akzeptieren, statt mit ihnen zu hadern, macht das Leben einfacher. Wenn Sie zusätzlich dafür noch dankbar sind, werden Sie auch zufriedener. Ich möchte Ihnen eine einfache Übung vorstellen, die Ihre Denkprozesse in Richtung Akzeptanz und Dankbarkeit trainiert und so Ihr Leben positiv verändert.

Alles eine Frage der Sichtweise

Stellen Sie sich einmal vor, zwei Menschen erleiden Schiffbruch und landen auf einer einsamen Insel. Bevor ihr Segelboot endgültig sinkt, setzen sie noch einen Notruf ab, wissen aber nicht, wann jemand kommen wird, um sie zu holen. Peter – von Natur aus eher Pessimist – ärgert sich die ganze Zeit darüber, dass ihnen dieser Schiffbruch passiert ist. Er hadert mit dem Material des Schiffs, schimpft auf dessen Hersteller und ist wütend, dass er seinem Bauchgefühl nicht gefolgt war, bei instabiler Wetterlage im Hafen zu bleiben. Auch wenn es Frischwasser und viele Früchte auf der Insel gibt, sie also nicht verhungern oder verdursten müssen, beschwert er sich darüber, dass sie nichts zu essen mitgenommen haben und er jetzt auf seinen morgendlichen Kaffee verzichten muss. Obwohl sie ein großes SOS-Zeichen auf dem Strand angelegt haben, verbringt er den ganzen Tag dort, um ja nicht eine eventuelle Ankunft des Hubschraubers zu verpassen.

Otto – seines Zeichens Optimist – analysiert die Lage sehr schnell und erkennt, dass er im Moment sowieso nichts daran ändern kann. Er entscheidet sich, das Beste daraus zu machen. So genießt er die reichhaltigen Früchte der Insel und schwärmt Peter davon vor, was dieser nur missmutig mit „Früchte hätte ich auch zuhause im Supermarkt kaufen können" beantwortet. Otto erkundet die Insel, entdeckt dabei einige spannende Steinfiguren einer früheren Zivilisation, schießt Fotos davon und ist dankbar dafür, den Tag nach seinem Gusto gestalten zu können und einmal nicht zur Arbeit gehen zu müssen.

Nachdem die beiden zwei Wochen später von einem Hubschrauber abgeholt wurden, werden sie von einem Fernsehsender interviewt. Peter schildert die Zeit auf der Insel als „die Hölle" und erweckt Mitleid bei den Zuschauern. Jedes Mal, wenn er an die Zeit auf der Insel denkt, kommt in ihm eine Wut hoch. Er geht in seinen alten Job zurück und wird dort wieder und wieder erzählen, wie schlimm das alles war.

Otto wiederum sagt, er hätte die schönste Zeit seines Lebens gehabt und den Aufenthalt auf der Insel sehr genossen. Seine Entdeckung bisher unbekannter Spuren einer früheren Zivilisation auf dieser Insel erregt Aufmerksamkeit. Er hält in seiner Heimat Vorträge dazu und entscheidet sich, ein Sabbatical einzulegen, um sich einer Expedition zur Untersuchung dieser Funde anzuschließen.

Zwei Menschen, die gleiche Situation – und trotzdem zwei ganz unterschiedliche Geschichten. Was aber hat hier den Unterschied gemacht? Während Otto die Situation akzeptiert hat und dankbar für das war, was er hatte, haderte Peter mit den Umständen, wehrte sich innerlich dagegen und manövrierte sich somit in eine große Unzufriedenheit.

Natürlich ist eine solche Situation auf einer Insel extrem. Aber genau diese beiden Vorgehensweisen können wir auch in unserem ganz alltäglichen Leben anwenden. Die einen sträuben sich gegen das, was ist, und sind undankbar, weil sie sich etwas anderes wünschen. Die anderen akzeptieren die Situation so, wie sie ist, sind dankbar für das, was sie haben und machen das Beste daraus. Menschen mit der Strategie der Akzeptanz und Dankbarkeit sind zufriedener und glücklicher. Aber nicht nur das: Sie haben auch mehr Kreativität und Kraft, um in ihrem Leben etwas positiv zu ändern.

Bei den Erläuterungen zur Meditation haben Sie schon den Begriff des Hier und Jetzt kennengelernt. Wenn Sie sich optimalerweise im Hier und Jetzt befinden, dann sind Sie mit Ihrer Aufmerksamkeit genau in diesem Augenblick. Und es ist klar, dass Sie diesen Augenblick nicht mehr ändern können, weil er ja bereits da ist. Zwar können Sie jetzt etwas tun, um die Zukunft zu ändern, jedoch haben Sie keine Chance, weder den aktuellen Augenblick, noch natürlich die Vergangenheit zu ändern. Und dies trifft für jeden einzelnen Moment unseres Lebens zu.

Wenn Sie diesen Moment also sowieso nicht ändern können, warum akzeptieren Sie ihn dann nicht einfach so, wie er ist?

Oder anders formuliert: Sie müssen ihn so oder so akzeptieren –
die einzige Frage ist, ob Sie dies auch innerlich tun oder ob Sie sich
dagegen sträuben. Allein dies hat einen ganz entscheidenden Einfluss auf Ihr emotionales Wohlbefinden. Und dieser Effekt wird
noch stärker, wenn Sie den Augenblick, und alles was davor war,
nicht nur innerlich akzeptieren, sondern auch dankbar dafür sind.
Ich weiß, dass dies am Anfang schwerfällt, weil wir viele Dinge, die
uns widerfahren sind, nicht mögen. Aber ändern können Sie sie –
wie gesagt – sowieso nicht mehr. Außerdem stellt sich vieles, was
wir als schlecht bewerten, im Nachhinein als gut heraus – wie in
dieser alten chinesischen Geschichte:

Der Bauer und das Pferd

*In einem armen Dorf lebte ein Bauer. Er galt als reich, denn er
besaß ein Pferd, mit dem er pflügte und Lasten beförderte.*

*Eines Tages lief ihm sein Pferd davon. Seine Nachbarn riefen,
wie schrecklich das sei, aber der Bauer meinte nur: „Vielleicht.“*

*Ein paar Tage später kehrte das Pferd zurück und brachte zwei
Wildpferde mit. Die Nachbarn freuten sich alle über sein günstiges
Geschick, aber der Bauer antwortete erneut: „Vielleicht.“*

*Am nächsten Tag versuchte der Sohn des Bauern, eines der Wild-
pferde zu reiten. Das Pferd warf ihn ab und er brach sich ein Bein.
Die Nachbarn übermittelten ihm alle ihr Mitgefühl für dieses Miss-
geschick, aber vom Bauer hörten sie wieder nur ein: „Vielleicht.“*

*In der nächsten Woche kamen Rekrutierungsoffiziere ins Dorf, um
die jungen Männer zur Armee zu holen. Ein Krieg mit dem Nach-
barkönigsreich bahnte sich an. Den Sohn des Bauern wollten sie
nicht, weil sein Bein gebrochen war.*

*Als die Nachbarn ihm sagten, was für ein Glück er hat, antwortete
der Bauer: "Vielleicht.“*

Wie Sie sehen, sind wir sehr schnell dabei, wenn es darum geht, Dinge positiv oder negativ zu bewerten. Das heißt aber nicht, dass dies auch immer zutrifft. Oft erkennt man erst in der Rückschau den positiven Effekt von vermeintlich negativen Ereignissen. Da wir also nie (!) wissen können, ob etwas nicht doch eine positive Auswirkung auf unser Leben haben kann, wäre es doch sehr viel hilfreicher, einfach alles so zu akzeptieren, wie es ist, und dankbar dafür zu sein. Das soll natürlich nicht heißen, alles einfach hinzunehmen und nichts zu tun, um sein Leben zu verändern. Aber dies gelingt uns viel besser, wenn wir in einem positiven Gemütszustand sind, als wenn wir mit unserem Schicksal hadern.

Dankbarkeit erzeugt positive Gefühle

Auch die Neurobiologie hat inzwischen herausgefunden, wie positiv sich Dankbarkeit auf unser Erleben auswirkt. Denn jedes Mal, wenn wir nicht nur ein mechanisches „Danke" murmeln, sondern einen wirklichen Dank empfinden, werden im Gehirn die Schaltkreise des Belohnungssystems aktiviert. Ihre Botenstoffe erzeugen dann automatisch positive Gefühle. Dies fördert das Abklingen von Stress, stabilisiert die körperliche und psychische Gesundheit, erzeugt Optimismus und lässt uns besser schlafen. Hinzu kommt, dass sich ein dankbarer Mensch auch freundlicher und hilfsbereiter gegenüber anderen verhält.

Unabhängig von der nachfolgenden Übung können Sie einfach damit beginnen, Ihre Fokussierung auf Dankbarkeit zu steigern. Am besten besorgen Sie sich dafür ein schönes Buch mit leeren

Seiten – Ihr Dankbarkeitsbuch. Nehmen Sie sich jeden Abend vor dem Schlafengehen ein wenig Zeit und schreiben Sie drei Dinge hinein, für die Sie an diesem Tag dankbar sind. Es kommt nicht darauf an, dass dies große, wichtige Dinge sind. Entscheidend ist, Ihren Blick auf die Dinge zu richten, für die Sie dankbar sein können. Neben der unmittelbaren Auswirkung, dass Sie sich sofort besser fühlen werden, wenn Sie die Dankbarkeit spüren, trainieren Sie damit auch Ihr Gehirn, die „Dankbarkeitsverbindungen" zu stärken – was wiederum dazu führt, dass es Ihnen immer leichter fallen wird, Dankbarkeit zu empfinden.

Noch systematischer können Sie dies mit der nächsten Übung machen.

Akzeptanz und Dankbarkeit systematisch trainieren

Wie wir bereits gesehen haben, erfolgt unsere Bewertung, ob wir für etwas dankbar sind oder es kritisieren, meist nicht bewusst, sondern unbewusst aufgrund unserer erworbenen Prägungen. Aber es gibt eine gute Nachricht: Sie müssen nicht erst all Ihre Prägungen aufarbeiten, um zu denen zu gehören, die die erfolgreiche Strategie der Akzeptanz und der Dankbarkeit in ihr Leben einbauen. Wie wir schon bei der Meditation gesehen haben, können wir unsere Denkgewohnheiten auch ändern, indem wir gewisse Denkprozesse so oft ablaufen lassen, dass diese nach und nach zu unbewussten Automatismen werden. Und genau dies erfolgt bei der nachfolgenden Übung, wenn Sie sie regelmäßig durchführen.

ÜBUNG 2 „AKZEPTANZ UND DANKBARKEIT"

1. Setzen Sie sich an einen ruhigen Ort und schließen Sie die Augen.
2. Konzentrieren Sie sich auf die Mitte Ihrer Brust und stellen Sie sich vor, wie sich Ihr Brustkorb weitet. Sagen Sie sich innerlich: „Danke für diesen vollkommenen Augenblick."
3. Versuchen Sie dabei, wirklich ein Gefühl von Akzeptanz und Dankbarkeit für den aktuellen Moment zu empfinden.
4. Warten Sie nun 1 bis 2 Atemzüge ab und beobachten Sie alle Gefühle, die in Ihnen vorhanden sind – ohne diese zu bewerten oder verändern zu wollen.
5. Gehen Sie wieder zu Schritt 2.

Führen Sie diese Übung für 10 Minuten durch.

HINWEISE

• Mit der Konzentration auf die Mitte Ihrer Brust erreichen Sie bei dieser Übung leichter, sich wirklich im Hier und Jetzt zu fühlen. Der Fokus auf Ihren Körper unterstützt Sie dabei, nicht in die Zukunft oder die Vergangenheit abzuschweifen. Hinzu kommt noch ein weiterer Effekt: Sicherlich haben Sie schon einmal bemerkt, dass Ihre Emotionen sich auf Ihr Körperempfinden auswirken. Wenn Sie etwa Angst haben, kann sich Ihr Herzschlag beschleunigen, Sie können verstärkt schwitzen oder sogar zu zittern beginnen. Auch werden Sie oft eine Enge in der Brust bemerken, vielleicht sogar Schwierigkeiten haben, gut zu atmen – so als ob sich ein Band um Ihre Brust gelegt hätte, das Sie daran hindert Luft zu bekommen. Aber auch der gegenteilige Effekt tritt auf. Fühlen Sie sich glücklich und zufrieden oder sind Sie sogar verliebt, so werden Sie eine Weite in Ihrer Brust spüren. So als ob sich Ihr Brustkorb mit Leichtigkeit ausdehnt.

Da Ihr Körper die Verbindung der körperlichen Auswirkungen mit den jeweiligen Emotionen gespeichert hat, kann man diesen Effekt auch in anderer Richtung nutzen. Wenn Sie sich vorstellen, dass Ihr Brustkorb eng ist und Sie vielleicht noch bewusst flach atmen, dann werden Sie sich wahrscheinlich damit nicht sehr wohl fühlen. Dies wird z. B. auch in körpertherapeutischen Verfahren genutzt, um besser in Kontakt mit unangenehmen Emotionen zu kommen. Stellen Sie sich jedoch vor, dass sich Ihr Brustkorb leicht und weit anfühlt und atmen Sie dabei ruhig und tief, so werden Sie leichter positive Emotionen hervorrufen können. Da wir bei dieser Übung ja die Dankbarkeit möglichst auch spüren wollen, hilft uns diese Vorstellung dabei.

- Es wird Tage geben, an denen Ihnen diese Übung leicht fällt und es Ihnen gelingt, wirklich ein Gefühl der Akzeptanz und Dankbarkeit zu spüren. An anderen Tagen wiederum wird es Ihnen vielleicht schwer fallen und Sie schaffen es nicht, dieses Gefühl aufsteigen zu lassen. Auch kann es vorkommen, dass Ihre Gedanken oft abschweifen und Sie sich schwer auf die Übung konzentrieren können.
Das ist alles völlig normal. Führen Sie die Übung dann trotzdem zur geplanten Zeit durch. Sie trainieren mit jedem Mal, wenn Sie wieder zu den Gedanken der Akzeptanz und Dankbarkeit zurückkehren, Ihr Gehirn, diese Synapse zu verstärken. Vertrauen Sie darauf, dass dies auch dann wirkt, wenn es sich einmal nicht so gut anfühlt.
- Es kann auch sein, dass während der Übung innere Widerstände dagegen auftauchen, für den Augenblick dankbar zu sein.
Auf Seite 123 erfahren Sie, wie Sie mit solchen Widerständen umgehen können. Für jetzt empfehle ich Ihnen, das Gefühl des Widerstands wahrzunehmen, es da sein zu lassen, ohne es wegdrücken zu wollen, und die Übung einfach weiterzumachen.
- Diese Übung können Sie auch wunderbar immer mal wieder zwischendurch ausführen. Dabei können Sie die Augen auch offen lassen. Das geht zum Beispiel, wenn Sie mit dem Auto an einer

roten Ampel stehen oder wenn Sie auf den Bus warten. Es gibt viele tägliche Gelegenheiten, in denen Sie nicht nur Ihr Gehirn trainieren können, sondern auch unmittelbar dafür sorgen können, in das Gefühl der Akzeptanz des Augenblicks zu kommen. Versuchen Sie, dies so oft wie möglich über den Tag verteilt zu tun und lassen Sie es sich dadurch zur Gewohnheit werden. Hilfreich kann es sein, Erinnerungshilfen zu benutzen. Dies kann z. B. ein kleiner Zettel an Ihrem Computer, an Ihrem Badezimmerspiegel oder wo auch immer sein.

MEIN AKTIVITÄTSPLAN

Folgende Aktivitäten sollten Sie von nun an ausführen:

Tägliche Meditationseinheit mit folgenden Elementen:

Aktivität	Dauer	Zyklus
Achtsamkeitsmeditation	10 min.	täglich
Akzeptanz + Dankbarkeit	10 min.	täglich

Am besten ist es, wenn Sie sich ein festes Zeitfenster von 20 Minuten am Tag reservieren (z. B. am Morgen direkt nach dem Aufstehen), in dem Sie diese beiden Übungen direkt hintereinander durchführen. Auch dabei wirkt wieder die Prägung unseres Gehirns: Lassen Sie es sich zur Gewohnheit werden und schon bald wird auch das Durchführen der Übungen zu einem Automatismus werden. Sie sollten dies so lange trainieren, bis es so selbstverständlich wie das Zähneputzen für Sie wird.

Wenn Sie ein Smartphone besitzen, können Sie sich eine App „Meditations-Timer" installieren. Einige haben die Funktion „Zwischenalarme", so dass Sie sich während der gesamten Übungszeit keine Gedanken über die Uhr machen müssen.

Über den Tag verteilt immer mal wieder:

Aktivität	Anmerkung
Akzeptanz + Dankbarkeit	Machen Sie diese Übung immer wieder zwischendurch, sodass sie eine Gewohnheit wird

WAHRNEHMUNG IST NIE OBJEKTIV

Die auf Seite 37 beschriebenen Prägungen bewirken, dass alle Informationen, die wir von außen erhalten, auf eine bestimmte Art und Weise in unserem Gehirn verarbeitet werden. Jegliche Information, und dabei ist es egal, über welchen Wahrnehmungskanal wir diese erhalten, wird insbesondere anhand unserer unbewussten Bewertungen und Glaubenssätze verarbeitet.

Unbewusste Bewertungen funktionieren wie Filter

Unsere unbewussten Bewertungen und Glaubenssätze funktionieren etwa so wie ein Filter, den man vor dem Objektiv einer Kamera anbringt. So verändert ein Farbfilter alle Farben und ein Polarisationsfilter lässt nur bestimmte Lichtanteile durch. Beide Filter schaffen eine Abbildung, die anders aussieht als die Realität. Genau so funktionieren unsere internen Filter: Aufgrund unserer Prägungen werden gewisse Informationen wahrgenommen, während andere einfach ausgeblendet oder verzerrt dargestellt werden. Das Bild, das Sie sich von einem Menschen, einer Situation oder auch einer Aktion machen, entspricht nie genau der Realität. Eingang in unseren Sprachgebrauch hat diese Tatsache beispielsweise durch Formulierungen wie „Alles durch eine rosarote Brille betrachten" gefunden.

Eine Metapher des Philosophen Alfred Korzybski fasst dies bildlich zusammen:

„Die Landkarte ist nicht das Gebiet."

Anhand der Sinneseindrücke und unserer spezifischen Wahrnehmungsfilter und Bewertungen entsteht eine Art Landkarte der Realität in unserem Gehirn. Aber so wie eine Landkarte nur ein mögliches Abbild des Gebiets ist, ist unser internes Bild einer Situation nur ein mögliches Abbild dieser Situation. Es gibt eine Vielzahl von verschiedenen Landkartentypen: topografische, geografische, geologische, politische Karten, Wanderkarten oder Straßenkarten. Sie existieren außerdem in unterschiedlichsten Maßstäben und sind entsprechend unterschiedlich detailliert. Genau so verhält es sich mit unserer inneren Darstellung der Realität. Bei jedem ist diese Darstellung anders. So wird zum Beispiel eine verliebte Person eine Kerze unter Umständen ganz anders wahrnehmen als ein Feuerwehrmann: Bei ihr kommen romantische Gefühle auf, während der Feuerwehrmann die Gefahrenquelle sieht.

Keine Landkarte gleicht der anderen

Je ähnlicher unsere Prägungen sind, umso ähnlicher wird auch die innere Repräsentation der Wirklichkeit sein. Nur aufgrund dieser Tatsache sind wir überhaupt in der Lage, mit anderen Menschen so zu kommunizieren, dass diese verstehen, was wir meinen. Dabei spielt natürlich alles, was wir im Lauf unseres Lebens gelernt haben, eine Rolle. So wird Ihre Schwester, die in der gleichen Familie wie Sie groß geworden ist, wahrscheinlich eine deutlich ähnlichere „Landkarte" haben als Ihre Nachbarin und erst recht als jemand, der in einem anderen Land oder einem anderen

Kulturkreis aufgewachsen ist. Nicht umsonst gibt es spezielle interkulturelle Trainings für Menschen, die im Ausland arbeiten werden: Sie lernen die unterschiedlichen Wahrnehmungsfilter kennen.

Fakt ist aber, dass wir nie genau die gleiche interne Landkarte haben werden wie ein anderer Mensch, auch nicht wie unsere Geschwister. Genau dies sollten wir uns bei jeglicher Kommunikation vergegenwärtigen. Wenn jemand die Realität anders wahrnimmt als wir, so heißt das nicht, dass seine Wahrnehmung falsch ist und meine richtig. Wir haben nur unterschiedliche „Filter", führen unbewusst unterschiedliche Bewertungen durch oder spiegeln die Wirklichkeit an unseren unterschiedlichen Glaubenssätzen.

Wenn ich dies akzeptiere, erkenne ich auch gleich, wie sinnlos es ist, jemanden überzeugen zu wollen, dass meine Repräsentation der Realität die richtige ist. Vielmehr sollte ich zuerst anerkennen, dass die Sicht meines Gegenübers genauso berechtigt ist wie meine. Auf dieser Basis kann ich dann versuchen, ihm meine Wahrnehmung zu erläutern. Aber genauso interessant kann es sein, mir die „Landkarte" des Gegenübers erklären zu lassen und zu verstehen, wie und warum er diese entwickelt hat.

Wenn ich diese Grundsätze berücksichtige, beende ich damit alle unfruchtbaren Diskussionen zum Thema „Wer hat recht?" Sie führen immer dann zu Unzufriedenheit oder sogar Streit, wenn beide Parteien absolut davon überzeugt sind, dass ihre interne Repräsentation eins zu eins der Wirklichkeit entspricht. Da dies aber nie (!) der Fall ist, kann ich auch gleich von Beginn an jegliche Diskussion eher als ein Erkunden der Landkarte des anderen und ein Erläutern meiner eigenen Landkarte ansehen.

Es sollte auch klar sein, dass ich niemanden, der unterschiedliche Prägungen erfahren hat, zwingen kann, meine eigene Weltsicht zu übernehmen. Wenn Sie diese Grundsätze in Ihren zukünftigen Kommunikationen berücksichtigen, werden Sie sehen, wie viel entspannter diese ablaufen werden.

Die unterschiedlichen Wahrnehmungstypen

Es gibt in der Psychologie eine Vielzahl verschiedener Modelle, mit denen man Menschen unterscheiden kann. Oft verwendet und sehr hilfreich ist ein Modell, das darauf beruht, auf welche Art und Weise wir unsere innere Wirklichkeit abbilden. Die Kenntnis dieses Modells der sogenannten „Wahrnehmungstypen" kann uns enorm bei dem Verständnis unserer eigenen Person und der Kommunikation mit anderen helfen.

In allen Situationen nehmen wir Dinge mit unseren fünf Sinnen wahr. D.h. wir sehen, hören, fühlen, riechen und schmecken. Je nachdem, welche Prägungen wir erfahren haben, sind diese Wahrnehmungskanäle aber unterschiedlich ausgeprägt. So kann es sein, dass ein Musiker viel mehr über das Hören wahrnimmt, während ein Architekt mehr durch das Sehen aufnimmt. Natürlich nehmen wir immer über alle Kanäle wahr, jedoch gibt es wenige Menschen, die alle Informationen gleich gewichtet verarbeiten. Manche haben nur einen sehr stark ausgeprägten Wahrnehmungskanal, während bei anderen zwei oder drei Kanäle ähnlich gewichtet sind.

Welcher Wahrnehmungstyp bin ich?

Um Ihren bevorzugten Wahrnehmungskanal herauszufinden, achten Sie doch einmal auf Ihre Sprache. Menschen, die sehr visuell sind, verwenden viele Formulierungen, die einer visuellen Darstellung entsprechen. Dies zeigt sich in Äußerungen wie „Das sieht gut aus!" oder „Ich sehe, was du meinst". Dagegen verwenden auditive Personen eher Formulierungen wie „Das hört sich gut an!" oder „Ich verstehe, was du meinst".

Vielleicht ahnen Sie schon, welche Wahrnehmungskanäle bei Ihnen besonders stark ausgeprägt sind. Um dies jedoch genauer herauszufinden, können Sie folgende Übung machen:

Erzählen Sie einem Partner für fünf bis zehn Minuten von einem Erlebnis, das Sie hatten. Dies kann Ihr letzter Urlaub sein, aber auch jede andere Begebenheit. Bitten Sie Ihren Partner, eine Strichliste zu führen, in der er einen Strich macht für jede Formulierung, die er einem Wahrnehmungskanal zuordnen kann:

Sehen = visueller Wahrnehmungskanal

Mögliche Formulierungen:
es sieht so aus, es scheint so, sich ein Bild von etwas machen, den Durchblick haben, es liegt im Dunkeln, es ist unklar, den Blick für etwas haben, aus dieser Perspektive gesehen, es ist einleuchtend, es zeigt sich, sich etwas vor Augen führen, etwas aufzeigen, bildlich gesprochen, es passt ins Bild, die helle Freude, es geht ihm ein Licht auf, den Wald vor lauter Bäumen nicht sehen, etwas einsehen, den Zusammenhang sehen, sich nicht im Stande sehen, es sieht düster aus, Weitblick, etwas durch die rosarote Brille sehen,

die Grünen, ein roter Faden, vorsichtig sein, Einblick haben, auf den ersten Blick, in Augenschein nehmen, klar wie Kloßbrühe, na klar, ein schwaches Bild abgeben

Hören = auditiver Wahrnehmungskanal

Mögliche Formulierungen:
das hört sich so an, das klingt gut, es stimmt, das ist unstimmig, eine schrille Person, im Einklang sein, in Harmonie sein, Resonanz finden, Zwischentöne, eine feine Antenne haben, etwas heraushören, sich etwas ins Gedächtnis rufen, eine Erinnerung wachrufen, eine Grundstimmung, was soll das heißen, etwas gutheißen, der Tonfall, der Ton macht die Musik, jemandem den Marsch blasen, jemanden aus dem Takt bringen, das spricht einen an, missgestimmt sein, unstimmig, Übereinstimmung erreichen, einstimmig, tonangebend sein, etwas abstimmen, etwas verstehen, Ja und Amen sagen, auf Empfang sein, jemanden beruhigen, sich etwas zu sagen haben, nichtssagend, das schreit zum Himmel, das pfeifen die Spatzen von dem Dächern

Fühlen = kinästhetischer Wahrnehmungskanal

Mögliche Formulierungen:
das Gefühl haben, den Eindruck haben, gefühlsmäßig, etwas begreifen, etwas in den Griff bekommen, das ist nicht zu fassen, eine beklemmende Situation, im Zusammenhang stehen mit, Fingerspitzengefühl haben, etwas abwägen, eine Liste durchgehen, lasch sein, jemandem auf die Pelle rücken, das macht mir Bauchschmerzen, eine wackelige Angelegenheit, etwas steht an, das bringt mich aus dem Tritt, auf unsicherem Boden stehen, das entzieht sich meinem Zugriff, mit dem falschen Bein aufgestanden sein, mir ist eine

Laus über die Leber gelaufen, sich ausdrücken, zugänglich sein, durchgedreht sein, sich winden, eine haltlose Behauptung, auf etwas stehen, das ist hart, es geht hoch her, das juckt mich nicht, ein gestandener Mann, das haut mich um, etwas Nachdruck verleihen, das erschüttert mich, das muss sich setzen, jemanden aufrütteln, es geht drunter und drüber, etwas ins Wanken bringen

Riechen = olfaktorischer Wahrnehmungskanal

Mögliche Formulierungen:
den Braten riechen, ein Gerücht, einen Riecher für etwas haben, Morgenluft wittern, der Nase nach gehen, das stinkt zum Himmel, stinkig sein, verschnupft sein, Ausdünstung

Schmecken = gustatorischer Wahrnehmungskanal

Mögliche Formulierungen:
das hat einen Beigeschmack, das schmeckt mir nicht, Geschmack an der Sache finden, geschmacklos sein, abgeschmackt, über Geschmack lässt sich streiten, jemandem die Suppe versalzen, das schmeckt nicht nach ihm und nicht nach ihr, jemandem etwas vergällen, jemandem etwas versüßen, das hat Würze, eine pikante Geschichte, in den Genuss von etwas kommen

Wie Sie schon an der Zahl der Beispielformulierungen erkennen können, wird es in den meisten Fällen so sein, dass die Hauptwahrnehmungskanäle visuell, auditiv oder kinästhetisch sind. Aber ein Koch oder ein Weinkenner mögen die Ausnahme bilden.

Wenn Sie den bevorzugten Kanal als 100 Prozent normieren, sehen Sie, wie viel schwächer die anderen Kanäle ausgeprägt sind. Eine Auswertung dieser Übung könnte wie folgt aussehen:

Wahrnehmungs-kanal	Anzahl der verwendeten Formulierungen	Ausprägung auf den bevor-zugten Kanal bezogen*
Visuell	20	100 %
Auditiv	8	40 %
Kinästhetisch	15	75 %
Olfaktorisch	3	15 %
Gustatorisch	2	10 %

= Anzahl der verwendeten Formulierungen/höchste Anzahl der Formulierungen (im Beispiel = 20) x 100

Im Beispiel ist der visuelle Wahrnehmungskanal der Stärkste. Es ist aber auch zu sehen, dass ebenfalls der kinästhetische Kanal relativ stark ausgeprägt ist, während der auditive Kanal deutlich schwächer ist.

Verbesserung der Kommunikation durch Kenntnis der Wahrnehmungstypen

Was können Sie mit dieser Information anfangen? Stellen Sie sich vor, Sie hätten ein Liebespaar, bei dem der Mann eine sehr starke kinästhetische Prägung hat, während die Frau sehr auditiv ist. Der kinästhetische Mann wird seine Zuneigung insbesondere durch körperlichen Kontakt ausdrücken, indem er ihre Hand hält oder sie in den Arm nimmt. Da die Frau aber hauptsächlich auf dem auditiven Kanal empfängt, wird sie sich vielleicht darüber beklagen, dass er ihr gegenüber nie sagt, dass er sie liebt. Der Mann hat aber das Gefühl, seine Zuneigung häufig auszudrücken, und ist erstaunt darüber, dass seine Frau dies so nicht empfindet. Umgekehrt wird der Mann die Frau vielleicht als kühl und abweisend empfinden, weil sie ihm zwar sagt, dass sie ihn liebt, dies aber nicht auf seinem „Hauptkanal" auszudrücken vermag.

Dies zeigt, wie die unterschiedlichen Wahrnehmungskanäle unsere Kommunikation erschweren können. Daher ist es gut, wenn Sie nicht nur Ihre eigenen Kanäle kennen, sondern auch versuchen herauszufinden, welches die Hauptkanäle Ihrer Kommunikationspartner sind. Falls Sie erkennen, dass Ihr Gesprächspartner andere Wahrnehmungskanäle als Sie selbst favorisiert, können Sie sich ein Stück weit darauf einstellen. Mit entsprechenden Formulierungen vermag Ihr Gegenüber den Inhalt besser und schneller aufzunehmen. Haben Sie einen visuellen Gesprächspartner, kann es neben der Verwendung von visuellen Formulierungen aber auch hilfreich sein, ihm eine Zeichnung oder eine bildliche Darstellung zu zeigen. Ein Kinästhet dagegen muss Dinge begreifen und es kann helfen, ihn eigene Erfahrungen machen zu lassen.

Da wir, wie gesagt, aber immer auf allen Kanälen empfangen, ist dies natürlich nicht schwarz-weiß zu sehen. Aber je mehr Sie sich auf die Haupt-Wahrnehmungskanäle Ihres Gegenübers einstellen können, umso besser wird Ihnen die Kommunikation gelingen. Wenn Sie wissen, welcher Wahrnehmungstyp Sie sind, sollten Sie auch nicht zögern, andere zu bitten, Ihnen Dinge auf diesem Kanal zu erläutern, z. B. indem Sie um eine Skizze bitten.

Mein Wahrnehmungstyp verrät mir, wie ich am besten lerne

Natürlich haben unsere Wahrnehmungskanäle auch einen starken Einfluss auf die Art und Weise, wie wir am besten neue Dinge lernen:

Visueller Lerntyp

Visuelle Menschen können sehr gut Informationen über das Sehen oder Betrachten aufnehmen. Außerdem verfügen sie normalerweise auch über eine gute Fähigkeit, sich innere Bilder zu konstruieren. Im Allgemeinen tun sie sich bei der Rechtschreibung leicht, weil sie die Wörter mit dem innerlich abgespeicherten Bild vergleichen. Für visuelle Lerntypen ist es hilfreich, Informationen grafisch aufzubereiten, sei es über Präsentationen, Videos oder Texte, die sie lesen können. Gut kann es auch sein, Mindmaps (grafische Darstellungen von Gedankengängen) zu verwenden, die dieser Lerntyp dann als gesamtes Bild abspeichert.

Auditiver Lerntyp

Auditive nehmen Informationen überwiegend über das Hören auf. Sie sind im Allgemeinen schwächer bei der Rechtschreibung, haben aber oft Talente im Erlernen neuer Sprachen, weil sie auch fremde Laute gut speichern können. Vorträge, CDs oder auch Vorgelesenes ist gut geeignet, um neue Informationen aufzunehmen. Wenn Sie als auditiver Typ etwas aus einem Buch lernen wollen, kann es hilfreich sein, sich dieses selbst vorzulesen. Da sie die Informationen hauptsächlich über ihr Gehör aufnehmen, ist es für Auditive oft störend, zusätzliche Umgebungsgeräusche zu haben. Das Radiohören parallel zum Versuch, etwas Neues zu lernen, ist hier also keine gute Idee.

Kinästhetischer Lerntyp

Der Kinästhet wird sich an das erinnern, was er selbst getan hat. Alle interaktiven Lehrmethoden, wie Rollenspiele, sind hilfreich für ihn. Auch wird er davon profitieren, Dinge mitzuschreiben – selbst wenn er sich die Aufzeichnungen später niemals wieder anschaut. Erst durch die gleichzeitige Bewegung wird der Lernstoff in seinem Gehirn verankert. Mindmaps sind auch für Kinästheten eine gute Methode zum Lernen. Wichtig ist aber nicht die fertige Mindmap, sondern der aktive Vorgang, diese zu erstellen. So nimmt er automatisch die in der Mindmap dargestellten Informationen auf. Kinästheten sollten eine Mindmap daher immer händisch erstellen und auf keinen Fall Computerprogramme dafür verwenden. Dabei ist es für ihn, im Gegensatz zum visuellen Lerntyp, nicht entscheidend, dass die Mindmap schön aussieht oder viele Farben hat. Eher hilft es ihm, sie gelegentlich neu zu erstellen, um in die praktische Erfahrung zu kommen.

Wenn Sie das nächste Mal etwas lernen wollen, denken Sie also daran, welcher Ihr bevorzugter Wahrnehmungskanal ist. Das kann Ihnen ungemein helfen. Ich dachte zum Beispiel früher, dass ich keinerlei Begabung für Fremdsprachen hätte. Man konnte mir ein Wort zigmal vorsagen, aber nach ein paar Minuten hatte ich es schon wieder vergessen. Im Nachhinein habe ich verstanden, dass dies an meinem relativ schwach ausgeprägten auditiven Kanal liegt. Mit einem starken visuellen Kanal ausgestattet erkannte ich irgendwann, dass ich mir neue Vokabeln dann merken kann, wenn ich auch weiß, wie sie geschrieben werden. Ich schaffe mir so ein inneres Bild von dem Wort. Seitdem versuche ich, mir bei einem neuen Wort immer vorzustellen, wie es geschrieben wird oder schaue es möglichst bald in einem Wörterbuch nach. Damit habe ich es inzwischen immerhin geschafft, mich in mehreren Fremdsprachen recht flüssig unterhalten zu können.

Natürlich sind diese Erkenntnisse nicht nur für Ihr eigenes Lernverhalten von Interesse. Wenn Sie in einem Beruf tätig sind, in dem Sie anderen Menschen Dinge vermitteln müssen – und dabei ist es egal, ob Sie dies als Lehrer tun oder bei einer Präsentation in einem Unternehmen –, versuchen Sie, immer alle drei Wahrnehmungskanäle zu bedienen. Da Sie im Allgemeinen nicht wissen, wie Ihre Zuhörer geprägt sind, stellen Sie damit sicher, dass alle die Möglichkeit bekommen, die Informationen auf Ihrem bevorzugten Wahrnehmungskanal zu erhalten. Damit steigern Sie die Wahrscheinlichkeit, dass Ihr Inhalt auch wirklich verstanden wird.

UNSERE GEFÜHLE UND WIE SIE ENTSTEHEN

Wenn wir über Gefühle reden, hilft es zu verstehen, wie wir unsere Gefühle erzeugen und welche Funktion sie ursprünglich hatten. Dabei spielen die evolutions-biologische Entwicklung unseres Gehirns und unser Überlebensinstinkt eine wichtige Rolle.

Die Entwicklung unseres Gehirns

Der US-amerikanische Hirnforscher Paul D. MacLean hat ein Modell entwickelt, das die evolutionäre Entwicklung unseres Gehirns abbildet: Das sogenannte *Triune Brain* – das dreieinige Gehirn. MacLean unterteilt das Gehirn in drei eigenständige und entwicklungsgeschichtliche unterscheidbare Bereiche, die zusammenwirken, sich aber in ihren Funktionen deutlich unterscheiden. Dieses Modell ist zwar stark vereinfacht, erlaubt aber gerade deswegen eine gute Darstellung dessen, was unser Gefühlsleben beeinflusst.

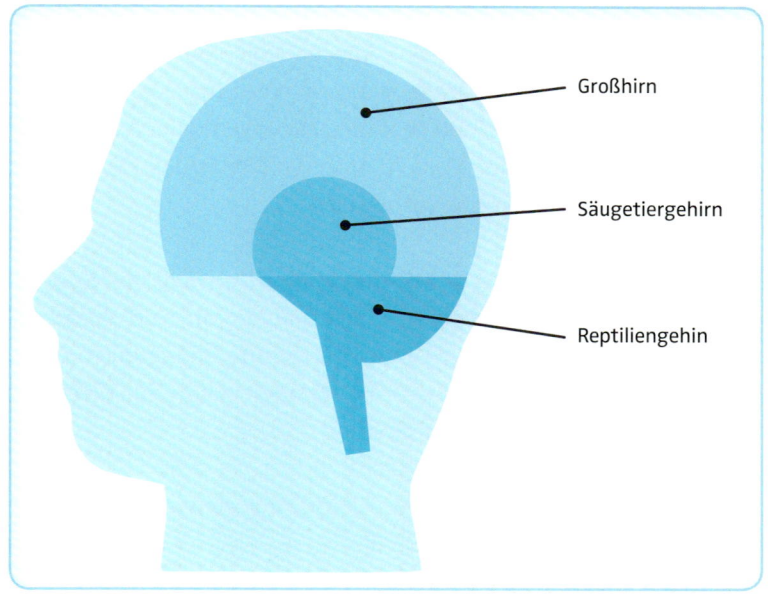

Schematischer Aufbau des Gehirns

Reptiliengehirn

Das Reptiliengehirn ist der evolutionsbiologisch älteste und am tiefsten liegende Teil des menschlichen Gehirns. Es umfasst im Wesentlichen den Hirnstamm, die Basalganglien, das Mittelhirn und das Kleinhirn, also jene Bereiche, die unmittelbar ins Rückenmark übergehen. Es hat sich bereits vor ca. 500 Millionen Jahren im Laufe der Evolution entwickelt und steuert alle lebenswichtigen Bereiche wie Atmung, Herzschlag, Nahrungsaufnahme und Darmtätigkeit. Da dies Grundvoraussetzungen für das Leben eines jeden Wirbeltieres sind, haben alle Wirbeltiere diesen Gehirnteil und er ist bei allen nahezu gleich aufgebaut. Bei niederen Wirbeltieren wie den Reptilien macht dieser Bereich sogar fast das gesamte Gehirn aus – daher der Name „Reptiliengehirn".

Der Hirnstamm steuert auch unsere Reflexe, vor allem bei Gefahr. Er gibt uns die Wahl zwischen den Alternativen Fliehen oder Kämpfen. Im Bruchteil einer Sekunde wird hier eine Situation als gefährlich eingeschätzt und die Entscheidung zur Flucht oder zum Kampf getroffen. Im Hirnstamm entsteht auch der Reflex des Wegziehens unserer Hand, wenn wir uns verbrennen.

Das Kleinhirn koordiniert Bewegungen, Gleichgewicht und Spracherwerb. Es stimmt Bewegungen aufeinander ab und speichert Abläufe, sodass nach einiger Übung bestimmte Bewegungen automatisch erfolgen. Aufgrund dieser Funktionen gehört das Kleinhirn zum sogenannten motorischen System.

Alles, was im Hirnstamm und im Kleinhirn gesteuert wird, erfolgt unterhalb der Bewusstseinsschwelle.

Säugetiergehirn

Mit dem Aufkommen der Säugetiere entstand ein weiterer Teil im Gehirn. MacLean spricht hier vom „frühen Säugetiergehirn". Es umfasst die Bereiche, die unter dem Großhirn, aber über dem Reptiliengehirn liegen. Daher wird es auch als Zwischenhirn bezeichnet. Dazu gehören vor allem die Amygdala, der Hypothalamus und der Thalamus.

Das frühe Säugetiergehirn beinhaltet erstmals in der Entwicklungsgeschichte das, was wir gemeinhin als Gefühle bezeichnen. Hier werden Emotionen erkannt, verarbeitet, reguliert und weitergeleitet. Dafür verantwortlich ist das sogenannte limbische System, häufig auch als „Emotionalgehirn" bezeichnet. Eine Schlange oder ein Fisch dagegen besitzen keinerlei Gefühle, sondern nur sehr primitive Reaktionen wie Schmerzempfinden.

Der größte Teil des Zwischenhirns ist der sogenannte Thalamus. Dort treffen Informationen aus dem Körper und den verschiedenen Sinnesorganen ein. Der Thalamus leitet die Signale an das Großhirn weiter, nachdem er die Informationen im Vorfeld gefiltert hat. Hier wird entschieden, welche Informationen „bewusst" werden und welche nicht. Daher wird der Thalamus auch das „Tor zum Bewusstsein" genannt.

Großhirn

Das Großhirn ist der evolutionsbiologisch jüngste Gehirnteil, der nur bei höher entwickelten Säugetieren existiert. Es sitzt oberhalb des Zwischenhirns. Zwar besitzt nicht nur der Mensch ein Großhirn, jedoch ist es beim Menschen im Vergleich zu anderen höher entwickelten Säugetieren übermäßig ausgeprägt und deutlich größer als die anderen Gehirnteile.

Das Großhirn gilt als der Sitz der höheren geistigen Funktionen wie Planungsfähigkeit, Abstraktionsvermögen, Sprechfähigkeit und vor allem des Bewusstseins, aber es macht auch den größten Teil unseres Gedächtnisses aus.

Welche Aufgabe erfüllen Gefühle?

Um ein wenig zu verstehen, warum wir so stark von unseren Gefühlen geleitet werden, gehen wir gedanklich einmal in die Vergangenheit zurück.

Während ein moderner Mensch zu ca. 98,6 Prozent die gleichen Gene hat wie ein Schimpanse, beträgt diese Übereinstimmung mit dem Steinzeitmenschen sogar ca. 99,7 Prozent. Auch wenn die genaue Zahl der Gengleichheit in der wissenschaftlichen Gemeinde noch diskutiert wird, ist trotzdem klar, dass unsere Vorfahren in der Steinzeit genetisch dem modernen Menschen schon sehr ähnlich waren. Neben dem etwas anderen Körperbau ist es vor allem die Größe des Großhirns, die den wesentlichen Unterschied ausmacht. Deswegen sind die Funktionen vor allem der älteren Hirnteile (Reptiliengehirn und Säugetiergehirn) – und damit auch unsere Gefühle – nach wie vor weitgehend identisch mit denen der Frühmenschen.

Allerdings lebten unsere Vorfahren in einer ganz anderen Welt als wir: Die Menschen lebten in Gruppen zusammen. Die Hauptaufgabe der Männer bestand darin, zu jagen, während die Frauen sowohl mit dem Sammeln von Nahrungsmitteln beschäftigt waren, als auch die Kinderbetreuung übernahmen. Zu dieser Zeit ging es in vielen Punkten sehr direkt ums Überleben. Genau dafür hat die Natur auch die Gefühle geschaffen: Die ursprüngliche Aufgabe von Gefühlen ist es, uns zu verleiten, bestimmte Dinge zu tun oder zu unterlassen, um unser Überleben sicherzustellen.

Leben der Steinzeitmenschen

Gefühl der Angst

Es gab zu dieser Zeit viele wilde Tiere, die den Menschen gefährlich werden konnten. So war es sinnvoll, das Gefühl der Angst zu entwickeln, um bei Gefahr zu überleben. War der Steinzeitmensch in einer gefährlichen Situation (z.B. Bedrohung durch ein wildes Tier), war es gut, dass mit der Angst entsprechende Stresshormone ausgeschüttet wurden, die es ihm erlaubten, entweder zu flüchten oder zu kämpfen.

Gefühl der Einsamkeit

Ohne die Sicherheit der Gruppe war es faktisch kaum möglich, zu überleben. Wer sich von der Gruppe entfernte, lief in den sicheren Tod. Das Gefühl der Einsamkeit veranlasste den Steinzeitmenschen dann, sich wieder seiner Gruppe anzuschließen.

Gefühl, abgelehnt zu werden

Hier spielt die gleiche Motivation wie bei der Einsamkeit eine Rolle. Wenn mich die Gruppe, die ich zu meinem Überleben benötige, nicht akzeptiert, kann es mir passieren, dass ich ausgestoßen werde – was in der damaligen Zeit gleichbedeutend mit einem Todesurteil war.

Gefühl des Mangels

Selbstverständlich war es nötig, rechtzeitig Essen zu besorgen oder sogar Vorräte für den Winter zu sammeln. Daher war das Gefühl des Mangels hilfreich, um sich dazu zu motivieren, dies auch zu tun. Andernfalls hätte dies bedeutet, eventuell des Hungers sterben zu müssen.

Dies ist zugegebenermaßen eine sehr pauschale Darstellung. Sie zeigt jedoch, dass Gefühle früher eine sehr wichtige Funktion hatten: Das Überleben sichern!

Heutzutage ist es aber so, dass wir als erwachsene Menschen in unserer modernen Welt so gut wie nie ernsthaft bedroht sind oder ernsthaft fürchten müssen zu sterben, nur weil wir einsam sind oder weil der Kühlschrank gerade einmal nicht gefüllt ist. Wie bereits auf Seite 16 dargestellt, sind zumindest in den westlichen Industrienationen alle unsere Grundbedürfnisse erfüllt und wir müssen normalerweise keine Angst um unser Überleben haben. Das heißt aber auch, dass die intensiven Gefühle evolutionsbiologisch – von Ausnahmen abgesehen – überhaupt nicht mehr notwendig sind.

Warum können wir nun aber nicht einfach entscheiden, große Angst nur noch dann zu spüren, wenn wirklich unser Leben bedroht ist – und nicht dann, wenn wir einen Vortrag vor einer Gruppe halten müssen? Warum reagieren wir bei Ablehnung durch unseren Partner so heftig, obwohl dies in keinster Weise entscheidend für unser Überleben ist?

Hier kommt wieder unser Gehirnaufbau ins Spiel. Die schnellsten Reaktionen sind die, die von unserem Hirnstamm ausgelöst werden. Wenn ich auf eine heiße Herdplatte greife, ziehe ich reflexartig die Hand zurück, ohne darüber in irgendeiner Art und Weise nachzudenken. Dies wird vom Hirnstamm gesteuert. Für uns entscheidend ist aber vor allem, dass unsere Emotionen im Säugetiergehirn entstehen. Selbst wenn die Reaktionen im Zwischenhirn nicht ganz so schnell und unmittelbar sind wie die Reflexe des Hirnstamms, so sind sie doch deutlich schneller als eine überlegte Reaktion unseres Großhirns. Das heißt, dass unsere Gefühle sehr schnell aufgrund eines äußeren Impulses entstehen. Bevor unser Großhirn also die Chance hatte, eine Bewertung vorzunehmen und festzustellen, ob hier wirklich eine Gefahr vorliegt, sind die entsprechenden Gefühle bereits entstanden. Und sie lösen dann auch alle damit verbundenen körperlichen Reaktionen aus (Adrenalin-Ausstoß, Schwitzen etc.).

Natürlich wird im Säugetiergehirn auch schon eine Bewertung vorgenommen. Sie erfolgt aber völlig unbewusst anhand unserer erworbenen Prägungen und ist dem bewussten Verstand nicht zugänglich. Inwiefern gerade die Prägungen unserer frühen Kindheit dann doch wieder mit dem Überlebensinstinkt zusammenhängen und wie wir diese Prägungen verändern können, erläutere ich Ihnen in den nachfolgenden Kapiteln.

VERANTWORTUNG FÜR DIE EIGENEN GEFÜHLE ÜBERNEHMEN

Da unsere Gefühle durch unsere unbewussten Prägungen beeinflusst werden, entwickelt jeder Mensch in einer spezifischen Situation andere Gefühle. Wie wir bereits gesehen haben, wird eine identische Realität von unterschiedlichen Personen auf teilweise sehr unterschiedliche Art und Weise bewertet. So bereitet auch dieselbe Situation dem einen gute und dem anderen schlechte Empfindungen.

Können andere mir schlechte Gefühle machen?

Stellen Sie sich einmal folgende Situation vor: Sie leiten ein Projekt und in einer Projektbesprechung möchte eine Kollegin ein paar Verbesserungsvorschläge machen.

Je nachdem, welche Prägungen Sie haben, kann es sein, dass Sie sich über diese Aussage freuen, weil Sie einen Vorteil für den Fortgang des Projekts sehen. Vielleicht nehmen Sie aber auch zunächst relativ emotionslos zur Kenntnis, dass die Kollegin Verbesserungsvorschläge hat und warten ab, um welche Vorschläge es sich handelt. Haben Sie eine Prägung, sich schnell kritisiert zu fühlen, könnten Sie aber auch wütend werden und sich darüber aufregen, dass diese Kollegin schon wieder etwas zu kritisieren hat.

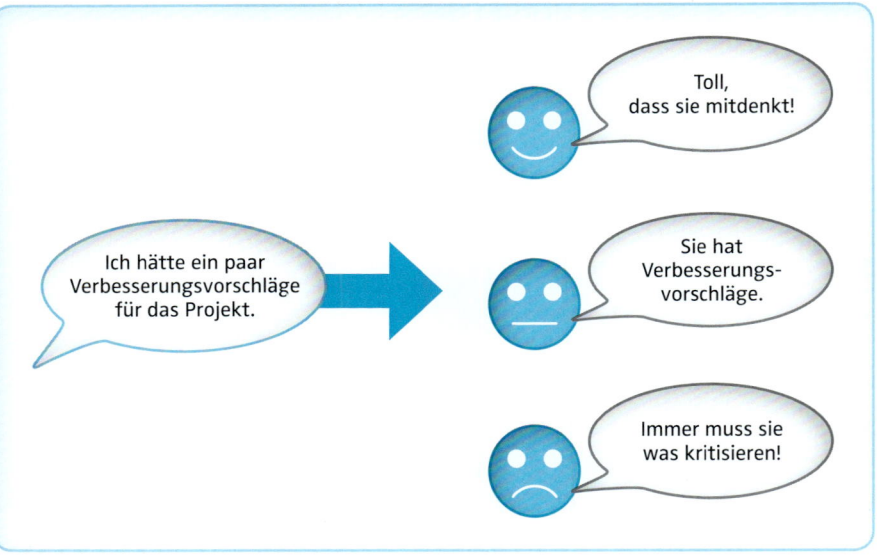

Unterschiedliche Gefühlsreaktionen

Sie sehen, in einer identischen Situation können alle Arten von emotionalen Reaktionen auftreten. Welche Emotionen bei Ihnen auftreten, hängt also nicht von der Aussage ab, sondern ausschließlich davon, wie Sie intern diese Aussage interpretieren. Hier kommen also wieder unsere unbewussten Wahrnehmungsfilter und Bewertungen ins Spiel.

In unserer Alltagssprache würden wir im letzteren Fall nun vielleicht sagen: „Die Kollegin macht mich wütend." Diese Formulierung ist aber so nicht korrekt. Denn was passiert, ist, dass die Kollegin eine Aussage getätigt hat, ich diese (unbewusst) bewerte und mein Säugetiergehirn daraufhin ein Gefühl erzeugt. Wissend, dass mein Gehirn mit allen seinen Anteilen Bestandteil meiner Person ist, wäre es also richtiger zu sagen: „Sie hat etwas gesagt, was mich dazu veranlasste, in mir ein Gefühl der Wut zu erzeugen."

An dieser Stelle sind wir jetzt bei einer ganz zentralen Erkenntnis angelangt, die allein schon enorm viel in Ihrem Leben verändern kann, wenn Sie sie verstehen:

Meine Gefühle mache ich mir selbst!

Solange wir nicht über zugefügte körperliche Schmerzen reden, kann Ihnen niemand ein schlechtes Gefühl machen. Andere Menschen können Dinge tun oder sagen, die uns dazu veranlassen, dass wir ein schlechtes Gefühl in uns erzeugen. Natürlich erfolgt dies aufgrund unserer unbewussten Prägungen und ist daher kein bewusster, kognitiver Vorgang. Da unser Unterbewusstsein aber ein Bestandteil unserer eigenen Person ist, sind allein wir selbst für das verantwortlich, was wir fühlen.

Mit der Akzeptanz dieser einfachen Tatsache haben Sie nun die Möglichkeit, Verantwortung für sich selbst und für Ihre Gefühle zu übernehmen. So lange Sie davon ausgehen, dass andere Ihnen schlechte Gefühle machen können, befinden Sie sich in einer Opferposition. Sie fühlen sich dem ausgeliefert und sehen keine Möglichkeit, das zu ändern. Egal, ob es Ihr Partner, Ihr Chef, Ihr Kollege, Ihre Eltern oder Kinder sind – der Schlüssel dazu, sich gut zu fühlen, liegt einzig und allein bei Ihnen:

Hören Sie auf, die Verantwortung für Ihre Gefühle abzugeben! Gehen Sie raus aus der Opferrolle und übernehmen Sie die Verantwortung für Ihr Wohlbefinden ab sofort selbst!

Unser Wunsch, andere zu verändern

Solange ich die Verantwortung für meine Gefühle noch nicht übernommen habe, gebe ich oft anderen die Schuld daran, dass es mir schlecht geht: Mein Chef gibt mir kein positives Feedback zu meiner Arbeit, mein Partner kritisiert mich oder mein pubertierendes Kind provoziert mich.

Leider ist es nur allzu üblich, in solchen Fällen zu denken, der andere müsste sich ändern, damit ich mich in Zukunft nicht mehr schlecht fühle. Wir finden alle möglichen Gründe dafür, dass sein Verhalten nicht in Ordnung ist und wünschen uns auf seiner Seite eine Veränderung. Und schon beginnen wir an unserem Gegenüber „herumzudoktern". Im Idealfall äußere ich meine Erwartungshaltung sehr deutlich und bringe damit mein Bedürfnis zum Ausdruck. Oft ist es jedoch so, dass wir unser Anliegen gar nicht so deutlich formulieren. So machen wir manchmal nur Andeutungen und hoffen, dass diese zu einer Verhaltensänderung führen. In anderen Fällen, wie gegenüber unserem Chef, trauen wir uns erst gar nicht, unsere Kritik am anderen zu äußern – gehen aber trotzdem implizit davon aus, dass er sich in unserem Sinne ändern sollte. Gerade auch in Beziehungen kennen wir das sehr gut. Nach einer anfänglichen Phase der Verliebtheit ärgere ich mich über die ein oder andere Verhaltensweise meines Partners und versuche dann, ihn zu einer Verhaltensänderung zu animieren, damit er sich so verhält, wie ich es gerne möchte beziehungsweise wie ich es brauche, um mich gut zu fühlen.

Aber egal, wie explizit Sie Ihre Erwartung äußern, Sie geben damit dem anderen die Macht über Ihr Wohlbefinden. Und mal ganz ehrlich: Haben Sie je gehört, dass ein solcher Versuch, andere Menschen zu ändern, langfristig Erfolg hatte? Wenn Sie Ihre Erwartung in einer wertschätzenden Art und Weise vorbringen, kann dies natürlich dazu führen, dass sich Ihr Gegenüber Gedanken über sein Verhalten macht und vielleicht sogar ernsthaft versucht, die eine oder andere Verhaltensweise zu ändern. Das mag bei kleineren, praktischen Dingen auch gelingen.

Aber genauso, wie Sie von Ihren unbewussten Mustern geprägt sind, so gilt dies auch für alle anderen Menschen. Jeder hat seine eigenen Bewertungen und über viele Jahre hinweg eingespielten Verhaltensmuster. Wie wir beim Thema „Lernen" gesehen haben, kann ich meine unbewussten Prägungen nicht einfach von heute auf morgen ändern. Längerfristig wäre dies natürlich durch intensives Trainieren der neuen Gedankenabläufe möglich – das wird kaum jemand ernsthaft in Angriff nehmen, nur um Ihnen einen Gefallen zu tun.

Missstimmung durch den Versuch, andere zu ändern

Hinzu kommt noch das Thema, dass ein von Ihnen geäußerter Veränderungswunsch sehr leicht als Kritik an der eigenen Person aufgefasst werden kann. Doch wer lässt sich schon gerne kritisieren? Als Folge könnte beispielsweise eine unbewusste Angst bei Ihrem Gegenüber entstehen, da Ihre Kritik als Angriff auf den eigenen Selbstwert angesehen wird. Und schon ist der andere in einer unbewussten Angstreaktion, die vom Reptiliengehirn gesteuert wird. In einer solchen Situation ist es überhaupt nicht sinnvoll, unser Gegenüber mit rationalen Argumenten von unserem Anliegens überzeugen zu wollen. Solange die Angstreaktion aktiviert ist, ist der andere schlicht und einfach nicht dazu in der Lage, sein Großhirn ausreichend zu aktivieren, um diese Argumente ernsthaft abzuwägen. Denn für eine solche Angstreaktion hat unser

Reptiliengehirn nur drei mögliche Verhaltensweisen verfügbar, bekannt als FFF (*Fight, Flight or Freeze*). Jedes Mal sorgt es für erhöhten Adrenalinausstoß sowie die Beschleunigung des Herzschlages und der Atemfrequenz, für erhöhte Aufmerksamkeit und eine sehr angespannte Muskulatur. Dieser körperlichen Anspannung ist es übrigens zu verdanken, dass wir bei einer starken Angstreaktion zu zittern beginnen. Leider hilft die gesteigerte Aufmerksamkeit aber nicht, die dargestellten Wünsche unseres Gegenübers besser aufnehmen zu können. Eher das Gegenteil ist der Fall. Es geht nur darum, sich für eines der drei F zu entscheiden:

Fight (Kämpfen)

Der Kampfmodus ist der erste Modus, der von unserem Reptiliengehirn aktiviert wird. Wenn diese Reaktion bei Ihrem Gegenüber durch die Äußerung eines Veränderungswunsches ausgelöst wird, so wird er sich verteidigen. Zum Glück findet dies heutzutage aufgrund unserer Sozialisierung im Allgemeinen nicht mehr körperlich statt, sondern verbal. Das Ziel, das unser Reptiliengehirn damit verbindet, ist aber das gleiche wie bei unseren Vorfahren: Sich so überlegen zu zeigen, dass der andere das Feld räumt. Dabei wird auch in Kauf genommen, dem anderen Verletzungen zuzufügen.

In der Praxis führt dies dann häufig zu einem unschönen Streit, in dessen Verlauf wir oft auch Dinge sagen, die wir nachher bereuen. Aber da wir in diesem Moment durch unser Reptiliengehirn gesteuert werden, hat unser Großhirn keine Chance, sich dies im Vorfeld zu überlegen. Wenn nun unsere Verteidigung bei unserem Gegenüber ebenfalls als Angriff interpretiert wird, so kann auch er in den Fight-Modus übergehen und ein Streit kann sehr schnell eskalieren. Sie alle haben das in Ihrem Leben sicherlich schon erlebt und dabei auch die Erfahrung gemacht, dass dies einer sinnvollen Problemlösung wenig zuträglich ist.

Flight (Flüchten)

Innerhalb von Sekundenbruchteilen nimmt unser Reptiliengehirn eine Bewertung vor, ob ein Kampf Aussicht auf Erfolg hat. Wenn es zu dem Schluss kommt, dass wir aller Wahrscheinlichkeit nach unterliegen würden, so aktiviert es die Flucht-Reaktion. Dies kann dazu führen, dass wir im wahrsten Sinne des Wortes flüchten, also der Diskussion aus dem Weg gehen, indem wir zum Beispiel den Raum verlassen oder vielleicht auch das Telefon einfach auflegen. Eine Flucht kann auch im übertragenen Sinn erfolgen. Das könnte bedeuten, das Thema zu wechseln, abzuwiegeln oder auf andere Art und Weise verbal auszuweichen. Dabei hat immer noch das Reptiliengehirn die Oberhand. Also auch in diesem Fall reagieren wir eher reflexhaft und sind nicht wirklich in der Lage, die vorgetragenen Änderungswünsche kognitiv zu bewerten.

Freeze (Einfrieren)

Es kann auch Situationen geben, in denen weder der Kampf noch die Flucht eine reale Alternative darstellen. In diesem Fall aktiviert das Reptiliengehirn eine dritte und letzte Möglichkeit der Angstreaktion: das Einfrieren beziehungsweise Totstellen. Der Grund für das Erstarren war die Hoffnung, vom Raubtier übersehen zu werden, weil die Augen am ehesten auf Bewegung ansprechen. Vielleicht haben Sie es schon einmal erlebt, dass Sie auf Ihren Gesprächspartner „wie auf einen kranken Gaul" eingeredet haben, dieser aber keine ernsthafte Reaktion zeigte. In diesem Fall war er wahrscheinlich gerade in einer Freeze-Reaktion gefangen. Die körperliche Anspannung und die Aufmerksamkeit haben das Ziel, gegebenenfalls doch noch sehr schnell in den Fight- oder den Flight-Modus umschalten zu können. Und daher erstaunt es nicht, dass unser Großhirn auch in diesem Modus nicht wirklich aufnahmefähig ist.

Wenn Sie all dies berücksichtigen, so können Sie sich leicht ausrechnen, was passiert, wenn Sie andere so ändern wollen, dass Sie sich wohlfühlen: Die Wahrscheinlichkeit, dass es Ihnen gelingt, Ihr Gegenüber zu einer grundsätzlichen Verhaltensänderung zu motivieren, geht gegen Null. Aber Sie können Ihre eigenen unbewussten Prozesse so trainieren, dass die Verhaltensweisen anderer Sie nicht mehr negativ emotional beeinflussen und Sie sich immer seltener schlecht fühlen. Wie dies geht, erläutere ich Ihnen in den folgenden Kapiteln.

WARUM GEFÜHLE NICHT IMMER ZUR REALITÄT PASSEN

Wie wir unsere Realität als Erwachsene wahrnehmen, geht auf Entwicklungen in unserer Kindheit zurück. In dieser Phase sind wir so abhängig von unseren Eltern, dass wir oft lernen, gewisse Gefühle zu unterdrücken, nur um ihnen zu gefallen. Das Freud'sche Strukturmodell erläutert sehr anschaulich, wie diese Prägungen in unserer Kindheit entstehen.

Verdrängte Gefühle und was sie bewirken

Als kleine Kinder sind wir abhängig von unseren Eltern. Je jünger wir sind, umso stärker ist diese Abhängigkeit. So kann ein Säugling sich selbstverständlich noch nicht allein versorgen. Würden seine Eltern ihn sich selbst überlassen, müsste er wahrscheinlich sterben. Dies weiß ein Kind intuitiv. Daher ist es für das Kind enorm wichtig, sich der Liebe oder zumindest der Aufmerksamkeit seiner Eltern zu versichern. Entgegen der auf Seite 85 geschilderten Tatsache, dass wir die starken Gefühle als erwachsene Menschen heute nicht mehr benötigen, sieht dies für ein Kleinkind also etwas anders aus. Hier geht es gefühlt wirklich ums Überleben.

Oft haben die Eltern (oder andere Bezugspersonen) aber eigene Prägungen, die verhindern, dass sie dem Kind in allen Situationen das Gefühl geben, beschützt und geliebt zu werden. Gerade wenn die Eltern dies selbst in ihrer Kindheit nicht erfahren haben, wissen sie nicht, wie das geht und können es folglich auch nicht an ihre Kinder weitergeben.

Bevor kleine Kinder beginnen, manche Gefühle zu unterdrücken, leben sie ihre Emotionen sehr expressiv und direkt aus. Wenn wir als Erwachsener Hunger haben, wissen wir, dass wir in absehbarer Zeit wieder etwas zu essen bekommen. Daher können wir mit diesem Gefühl eine ganze Zeitlang auch noch andere Dinge tun, ohne vom Hunger dominiert zu werden. Da ein Säugling diesen Mechanismus noch nicht verinnerlicht hat, wird ein Hungergefühl genauso expressiv – mit Schreien – zum Ausdruck gebracht wie eine Angst, die auftritt, wenn der Säugling allein ist. Er weiß einfach noch nicht, dass die Mutter nicht verschwunden ist, nur weil sie gerade einmal aus dem Zimmer gegangen ist.

Was passiert aber nun, wenn die Eltern nicht gelernt haben, ihre eigenen Gefühle zu akzeptieren? In diesem Fall können sie häufig mit den stark ausgedrückten Emotionen der Kinder nicht umgehen und reagieren daher abweisend. Anstatt ihr Kind liebevoll zu unterstützen, vermitteln sie dem Kind, dass seine Gefühle nicht in Ordnung sind. Ein Kind, das Angst hat, bekommt vielleicht Sätze zu hören wie „Stell dich nicht so an!", während ein Kind, das Schmerz empfindet, mit Sprüchen wie „Ein Indianer kennt keinen Schmerz!" ruhiggestellt werden soll.

Das Kind wird daraufhin für sich erkennen, dass seine Empfindung bei den Eltern nicht willkommen und demzufolge wohl „nicht in Ordnung" ist. Da ein Kind aber von der Liebe und Aufmerksamkeit der Eltern abhängig ist, kann dies dazu führen, dass es das Ausdrücken dieser Emotion dann als gefährlich empfindet. Getrieben von der Angst, die Liebe der Eltern zu verlieren, wird das Kind gegebenenfalls entscheiden, dieses Gefühl zukünftig zu unterdrücken. Und wie wir gelernt haben, sind alle Prozesse im Gehirn auch Lernprozesse. Dies hat zur Folge, dass ein häufiges Unterdrücken bestimmter Emotionen – oder auch ein einmaliges Unterdrücken bei einem sehr intensiven Erlebnis – irgendwann völlig unbewusst erfolgt, ohne dass das Kind sich darüber im Klaren ist. In diesem Fall spricht man von einer Verdrängung der jeweiligen Empfindung. Dies ist ein ganz natürlicher Prozess, mit dem sich das Kind an eine Umgebung anpasst, in der gewisse Emotionen nicht willkommen sind.

Da dieser Vorgang im Unterbewusstsein gespeichert ist, wird der Erwachsene später weiterhin bestimmte Gefühle beim Auftreten eines passenden Auslösers nach wie vor unterdrücken – ohne dass er sich darüber im Klaren wäre. In vielen Fällen bilden sich dann Ausweichmechanismen aus, die wir ebenfalls unbewusst ausführen. So können solche unterdrückte Gefühle beispielsweise die Ursache für jegliche Art von Suchtverhalten sein. Oder aber ein Kind, dessen Eltern auf einen Wutausbruch mit einer Strafe reagierten, war dann traurig, dass seine Eltern es nicht so akzeptieren, wie es ist. Wenn im späteren Leben eigentlich ein Gefühl der Wut hochkommen will, wird diese unbewusst in ein Gefühl der Traurigkeit umgelenkt. So etwas kann eine Ursache für depressive Verstimmungen sein, bei denen der Betroffene bewusst gar nicht weiß, warum er so traurig ist.

Sigmund Freuds Sicht auf die Psyche

Ein weitverbreitetes Modell zur Erläuterung der Entstehung unserer Prägungen lieferte bereits Anfang des zwanzigsten Jahrhunderts der bekannte österreichische Arzt und Neurophysiologe Sigmund Freud, der vor allem durch die Entwicklung der Psychoanalyse bekannt wurde.

Vorweg möchte ich darauf hinweisen, dass dieses von Sigmund Freud entwickelte Modell der Psyche und der psychosexuellen Entwicklung auch nur *einen* Blick auf die Realität der Entstehung unserer Prägungen darstellt. Es gibt noch eine Vielzahl anderer Modelle, die sich je nach Blickwinkel auch voneinander unterscheiden. Daher sollte ein solches Modell nie als „die Realität" betrachtet werden, sondern als ein möglicher Blick auf die Welt. Wie wir auf Seite 67 gelernt haben, entwickelt jeder sowieso seine eigene Landkarte im Kopf.

Aber oft hilft es, sich einmal die Landkarte von jemand anderem näher anzuschauen und diese dann mit seiner eigenen abzugleichen. Dies wird im Normalfall nicht dazu führen, dass man seine eigene Landkarte gleich in den Müll wirft und unkritisch die eines anderen Menschen übernimmt. Vielmehr wird man seine eigene Darstellung gegebenenfalls hier und da modifizieren und sie somit in sich stimmiger und detailreicher werden lassen. Erlauben Sie sich also, sich das Modell von Freud zunächst unvoreingenommen anzuschauen, um dann zu sehen, welche Elemente Sie davon in Ihr eigenes Weltbild übernehmen können. Manchmal entstehen dabei Aha-Effekte, die Ihnen einen Hinweis darauf geben können, warum der eine oder andere Charakterzug bei Ihnen so oder so ausgeprägt ist. Aber auch wenn Sie diesem Modell eher kritisch gegenüberstehen, so hat dies keinerlei Auswirkungen auf die Wirksamkeit der in diesem Buch dargestellten Übungen.

Das Strukturmodell der Psyche

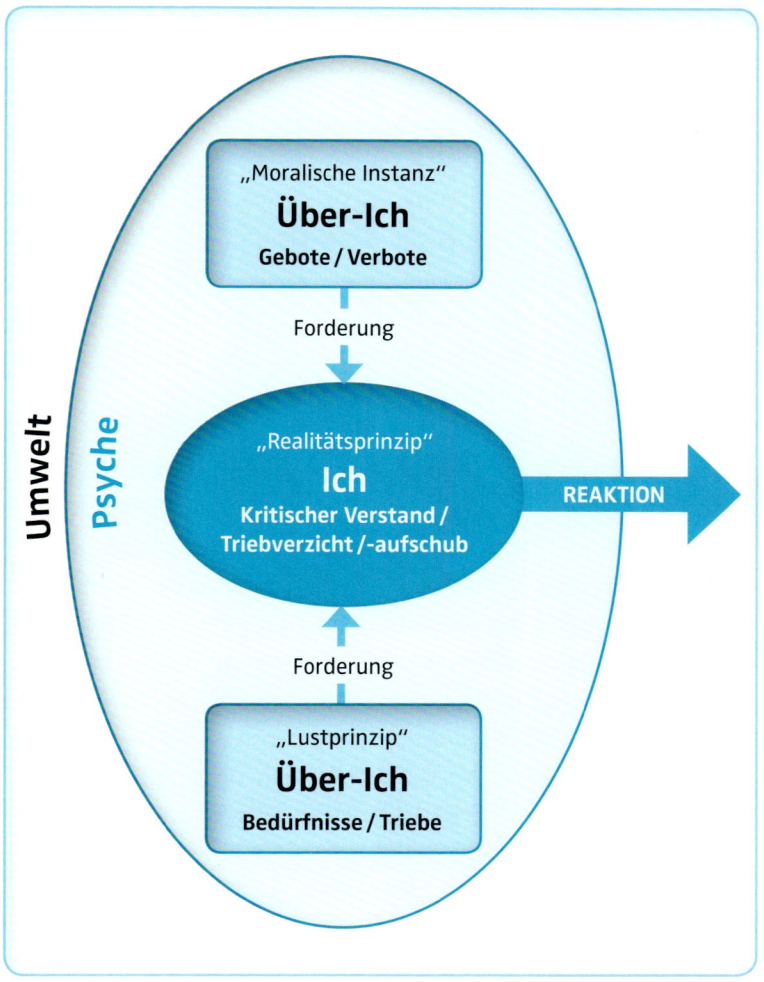

Freud'sches Strukturmodell der Psyche

Freud unterteilt die menschliche Psyche in drei Elemente:

Es

Das Es ist der Teil in unserer Psyche, den wir von Anfang an mitbringen. Im Gegensatz zu dem Ich und dem Über-Ich, die sich erst im Lauf der Kindheit entwickeln, kommen wir bereits mit dem Es auf die Welt. Im Es sind unsere grundsätzlichen Triebe verankert. Das sind vor allem die zum Überleben und zur Arterhaltung notwendigen Primärtriebe wie Essen, Trinken und Atmen sowie Sexualität und Entspannung. In den ersten Jahren der Kindheit bilden sich dann noch die Sekundärtriebe aus, wie das Bedürfnis nach Anerkennung und Sicherheit.

Charakteristisch für die Triebe des Es ist, dass sie nach einer unmittelbaren Befriedigung verlangen. Wenn also ein Neugeborenes einen Mangel an Nahrung als Hunger wahrnimmt, so richtet der dadurch ausgelöste Primärtrieb nun seine Energie auf die Beschaffung von Nahrung. Im konkreten Fall würde dies bedeuten, dass das Baby anfängt zu schreien, um Hunger zum Ausdruck zu bringen. Wenn der Trieb nun nicht sofort befriedigt wird, so werden der Hunger und die zugehörige Triebenergie so lange ansteigen, bis das Bedürfnis gestillt wird. Nach der Nahrungsaufnahme ist der Hunger gestillt und der Trieb ist befriedigt. Bis zum nächsten Mal.

Bei all diesem agiert das Es rein nach dem Lustprinzip, das heißt, es geht ausschließlich um die unmittelbare Befriedigung der aktuell vorhandenen Triebe, bzw. um die Vermeidung der Unlust-Gefühle, die auftreten, wenn ein entsprechender Trieb nicht direkt befriedigt wird.

Über-Ich

Das Über-Ich entwickelt sich erst im Laufe des Heranwachsens. Es wird besonders geprägt durch die Erziehung der Eltern, aber auch durch andere Bezugspersonen wie Lehrer oder ältere Geschwister. Das Über-Ich funktioniert sozusagen als moralische Instanz. Hier werden soziale Normen, Werte und Regeln verankert, aber auch unsere Vorstellung davon, wie wir sein wollen. Damit übernimmt das Über-Ich auch die Funktion des Gewissens und verfügt über eine Vorstellung von Recht, Unrecht und Schuld.

Wenn nun ein Triebimpuls im Es entsteht, so wird dieser unmittelbar im Über-Ich abgeglichen mit all dem, was ich an Regeln, Werten und Vorstellungen verinnerlicht habe. Im Gegensatz zum Es stellt das Über-Ich einen nach Perfektion strebenden Teil der Persönlichkeitsstruktur dar.

Nun kann man sofort sehen, dass diese beiden Teile, das Es und das Über-Ich, grundverschieden funktionieren. Das eine strebt nach einer unmittelbaren Befriedigung der Triebe, das andere wird in sehr vielen Fällen feststellen, dass eine sofortige Befriedigung der Triebe nicht angemessen ist und daher einen Aufschub oder sogar einen Verzicht auf die Aktion fordert. Wenn Sie beispielsweise mit Hunger in ein Restaurant gehen, dann würde Ihr Es wohl einfach zu dem Nächstbesten gehen, der bereits sein Essen auf dem Tisch stehen hat, und sich dort bedienen. Ihr Über-Ich weiß aber, dass dies einerseits sozial nicht angemessen ist, andererseits als Unrecht angesehen wird und Sie sich im Nachhinein schuldig fühlen würden. Hierbei entsteht nun eine Spannung zwischen diesen beiden Instanzen unserer Psyche. Und damit kommt das Ich mit ins Boot.

Ich

Auch das Ich entwickelt sich erst in der Kindheit, parallel zur Entstehung des Über-Ichs. Das Ich ist der Teil unserer Psyche, den wir am ehesten mit unserem Selbstbild eines entwickelten Menschen in Verbindung bringen, denn es beinhaltet unsere kognitiven Funktionen wie Wahrnehmen, Denken, Erinnern und Handeln. Damit kommt ihm die vermittelnde Rolle zwischen den Impulsen des Es und den Bewertungen des Über-Ichs zu. Da die unmittelbare Bedürfnisbefriedigung der Triebe des Es im Allgemeinen gesellschaftlich nicht akzeptabel ist, versucht das Ich, diese Triebe auf eine Art und Weise zu befriedigen, die mit den vom Über-Ich bereitgestellten moralischen Vorstellungen vereinbar ist und langfristig keine negativen Konsequenzen nach sich zieht.

Wenn wir dieses Strukturmodell der Psyche an dem spiegeln, was wir bereits über unser Bewusstsein gelernt haben, so zeigt sich, dass das Es komplett im Unterbewusstsein liegt, die Triebe werden also völlig automatisch ausgelöst, ohne dass ich dies kognitiv beeinflussen kann. Zwar kann ich meine Triebe eventuell im Nachgang auch bewusst wahrnehmen, jedoch erfolgt dies erst dann, wenn sie bereits aktiviert sind. So kann ich mein Hungergefühl nicht bewusst steuern, aber natürlich bin ich in der Lage, dieses zu spüren. Bei vielen Trieben ist es jedoch so, dass diese erst gar nicht den Weg in unser Bewusstsein finden, sondern vorher schon vom Über-Ich bewertet werden. Bevor wir dies bewusst entscheiden können, setzt das Ich dann schon unbewusst eine Strategie zum Umgang mit diesen Impulsen um. Hintergrund ist, dass sowohl große Teile des Über-Ichs als auch des Ichs im Unbewussten bzw. im Zwischenbewussten liegen und daher agieren, ohne dass sich uns dies unmittelbar erschließt. Genau diese unbewussten Prozesse sind es, die uns zwar einerseits überhaupt erst erlauben, schnell und effizient auf alle Impulse zu reagieren, die uns andererseits aber auch Probleme bereiten können, wenn die in der Kindheit gelernten – und nun unbewusst ablaufenden – Problemlösungen des Ichs nicht mehr angemessen sind.

Bei einer idealen Entwicklung lernt ein Kind Strategien, wie es mit den unterschiedlichen Anforderungen des Es und des Über-Ichs umgeht. Wenn es diese einige Male erfolgreich angewendet hat, so verschieben sie sich immer stärker ins Unbewusste und helfen uns dann auch als Erwachsene noch, bei ähnlichen Konflikten eine gute Lösung zu finden.

Tatsächlich kommt es aber häufig vor, dass das noch recht unerfahrene Ich es im Kleinkindalter nicht schafft, eine solche Strategie zu finden: Es gelingt ihm nicht, die Anforderungen des Es und des Über-Ichs unter einen Hut zu bringen. Die durch die Triebe des Es ausgelöste Spannung kann dann so stark werden, dass unsere Psyche einen Weg zum Abbau dieser Spannung wählt, der diese zwar kurzfristig reduziert, jedoch den Konflikt zwischen Es und Über-Ich nicht wirklich auflösen kann. Dieses wird als Abwehrmechanismus bezeichnet. Freuds Tochter Anna hat eine ganze Liste solcher Abwehrmechanismen benannt, von denen ich aber nur einige wenige exemplarisch aufführen möchte:

- **Verleugnung:** Objektive Gegebenheiten werden als unwahr hingestellt oder nicht wahrgenommen. Dies findet man z. B. häufig bei Alkoholikern, die einfach nicht wahrhaben wollen, dass sie ein Suchtproblem haben.
- **Konversion:** Innere Konflikte, die vom Ich nicht gelöst werden können, werden durch körperliche Symptome ausgedrückt. Dies ist die Ursache für die weite Verbreitung psychosomatischer Krankheiten.

- **Verschiebung:** Ein angstauslösender Impuls wird von seiner eigentlichen Quelle in etwas anderes umgelenkt, das keine Angst auslöst. So könnte es sein, dass ein Kind bei einer Ungerechtigkeit den Impuls verspürt, seine Mutter anzuschreien oder sogar zu schlagen. Das Über-Ich schiebt aber einen Riegel vor, weil die damit verbundenen Konsequenzen (Strafe, Liebesverlust) als inakzeptabel eingestuft werden. Da der aggressive Impuls aber nach wie vor präsent ist, wird er unter Umständen an einem Spielzeug oder sogar an kleineren Geschwistern oder Haustieren ausgelassen.

Es würde zu weit gehen, hier alle Abwehrmechanismen darzustellen. Wichtig ist, die grundsätzliche Wirkung zu verstehen, wie unser Unbewusstes über diese Abwehrmechanismen versucht, Konflikte zwischen den Trieben des Es und den Bewertungen es Über-Ichs zu lösen.

Zwei wichtige Abwehrmechanismen schauen wir uns nun aber noch einmal näher an. Diese gehören zu den am häufigsten angewendeten und sind daher auch die Grundlage für die Methoden, die ich Ihnen zur Bearbeitung Ihrer unbewussten Prägungen an die Hand geben werde:

- **Verdrängung:** Beim Abwehrmechanismus der Verdrängung wird das Erlebte mit all seinen Aspekten in das Unterbewusstsein geschoben und vollständig vergessen. Man kann sich dann bewusst nicht mehr an das auslösende Ereignis und die damit verbundenen Emotionen erinnern. Dieser Mechanismus dient auch dazu, die automatisch bei einer Erinnerung wieder hochkommenden Gefühle nicht erneut spüren zu müssen. Gerade bei als traumatisch empfundenen Ereignissen, d.h. Gegebenheiten, die als sehr bedrohlich empfunden werden, setzt dieser Abwehrmechanismus häufig ein. Und wie wir bereits gesehen haben, können kleine Kinder Dinge als sehr bedrohlich erleben, die von außen gesehen gar nicht diesen Anschein erwecken. Daher finden die meisten Verdrängungsprozesse in unserer frühen Kindheit statt.

- **Projektion:** Wenn eigene Impulse, Gedanken oder psychische Anteile vom Über-Ich als unangemessen oder sogar gefährlich beurteilt werden, entsteht eine innere Spannung. Findet das Ich keine – wie Freud sie nennt –, „reife" Strategie, damit umzugehen, so werden diese Eigenschaften auf einen anderen Menschen übertragen – auf diese Person projiziert. Da dies alles im Unterbewusstsein stattfindet, nehme ich diese Anteile bei mir selbst gar nicht mehr wahr. Allerdings sehe ich sie umso deutlicher bei anderen, wo ich sie dann kritisieren kann, ohne mein psychisches Gleichgewicht unmittelbar in Gefahr zu bringen.

Die Phasen der psychosexuellen Entwicklung

Wie wir gesehen haben, entstehen die meisten unserer Prägungen in der Kindheit. Nicht zufällig fällt dies zusammen mit der Zeit, in der sich auch unser Ich und unser Über-Ich entwickeln. Sigmund Freud hat diese Entwicklung in verschiedene Phasen unterteilt, weil es je nach Alter spezifische Lernaufgaben zu bewältigen gilt. In jeder dieser Phasen ist ein triebhafter Aspekt des Es dominant. Dies führt dann zu phasenspezifischen Konflikten zwischen dem Es und dem Über-Ich. Dabei ist es die Aufgabe des Ichs, diese Konflikte mit einer „reifen" Strategie aufzulösen.

Wenn dies gelingt, entwickelt das Ich damit im Laufe der Zeit die Kontrolle über die Triebe des Es. Bleibt die Triebbefriedigung jedoch aus oder erfolgt sie sehr spät, so wird das Ich Abwehrmechanismen ausbilden, um die entstehende Spannung abzubauen. Erfolgt in der jeweiligen Phase eine übermäßige Befriedigung des jeweiligen Triebs, so kann das Ich ebenfalls keine reife Strategie für die anstehende Lernaufgabe entwickeln.

Wird die jeweilige Lernaufgabe einer Phase nicht bewältigt, so nennt Freud dies eine „Fixierung". Er bezeichnet es deshalb so, weil die Lernaufgabe dieser Phase nicht erfolgreich bewältigt wurde und ein Teil der Persönlichkeit sozusagen in dieser Phase steckengeblieben ist. Beim erwachsenen Menschen äußert sich das dann durch charakteristische Verhaltensmuster, die häufig zu einem subjektiven Leiden führen.

Laut Freud sind die von dem Es erzeugten Triebe entweder auf die Lebenserhaltung oder auf die Arterhaltung gerichtet und haben das Ziel einer sofortigen Bedürfnisbefriedigung. Er bezeichnet die Gesamtheit dieser Triebe als „Eros". Für jede der Entwicklungsphasen ist es typisch, dass die Triebbefriedigung in den meisten Fällen mit der Stimulation einer erogenen Zone einhergeht. In diesem Zusammenhang ist erogen aber nicht gleichzusetzen mit dem, was wir als Erwachsene darunter verstehen, also einer Zone, deren Stimulation eine sexuelle Erregung verursacht. Aufgrund der Tatsache, dass Freud alle Triebe als Eros bezeichnet, bedeutet „erogene Zone" bei ihm vielmehr, dass eine Stimulation dieser Zone in einem erweiterten Sinne einen Lustgewinn herbeiführt.

Die ersten, und damit wichtigsten Phasen der psychosexuellen Entwicklung sind:

Orale Phase

Die orale Phase ist die erste Phase der psychosexuellen Entwicklung eines Kindes. Sie geht von der Geburt bis zum Alter von ungefähr einem Jahr bis zu eineinhalb Jahren. Die relevante erogene Zone, also der Bereich, der dem primären Lustgewinn dient, ist dabei der Mund. Dieser Lustgewinn erfolgt natürlich in erster Linie durch die Nahrungsaufnahme an der Brust der Mutter. Man kann aber auch sehr häufig beobachten, dass Kinder in dieser Phase ihre Umgebung oral erkunden, indem sie sich alle möglichen Dinge in den Mund stecken.

Die entscheidende Lernerfahrung für das Kind in dieser Phase ist, dass seine Handlungen nicht zu einer sofortigen Bedürfnisbefriedigung führen. Spätestens bei der Entwöhnung vom Stillen muss das Kind lernen, dass ein gewisser Zeitraum vergeht zwischen seiner Äußerung des Bedürfnisses „Hunger" und seiner Befriedigung. Denn dann muss ja erst einmal das Fläschchen vorbereitet werden.

Abhängig von der Reaktion der Mutter auf das Schreien im Hungerfall macht das Kind diese Erfahrung vielleicht auch schon in der Zeit des Stillens. Wenn dieser Lernprozess erfolgreich bewältigt wird, so wird das Kind verinnerlichen, dass eine Bedürfnisbefriedigung verzögert erfolgen kann. Es wird aber gleichzeitig das Vertrauen aufbauen, dass die Bedürfnisbefriedigung auf alle Fälle erfolgen wird. Dies ist die Basis für das, was wir im Allgemeinen als „Urvertrauen" bezeichnen.

Was passiert aber nun, wenn die Mutter immer sofort auf das Schreien des Kindes mit der Befriedigung des entsprechenden Triebs reagiert und ihr Baby stets unmittelbar füttert? In diesem Fall verinnerlicht das Kind einen Glauben, seine Umwelt immer direkt beeinflussen zu können und eine sofortige Befriedigung seiner Bedürfnisse zu erreichen. Es hat damit nicht die Möglichkeit, die Fähigkeit zum Aufschub der Triebbefriedigung zu entwickeln.

Aber auch das Gegenteil davon kann zu einer Fixierung in dieser Phase führen. Wenn die Mutter nicht schnell genug oder in ausreichendem Maße auf die Äußerung eines Bedürfnisses des Kindes reagiert, so macht dieses die Erfahrung, dass seine Handlungen keinerlei Einfluss auf die Umwelt haben. In diesem Fall wird es abspeichern, dass es die Befriedigung seiner Triebe nicht aktiv herbeiführen kann. Das gerade entstehende Ich wird dann zu unreifen Abwehrmechanismen greifen, um die durch den Trieb entstandene Spannung zu reduzieren. Dies kann zur Unterdrückung bzw. Verdrängung des Triebs führen oder aber auch dazu, diesen indirekt zu befriedigen.

Typische Symptome einer Fixierung in der oralen Phase können beim erwachsenen Menschen auftreten als Suchtverhalten, besonders mit oralem Charakter wie Rauchen oder Essen, als Depressionen, als Passivität oder aber auch als sehr forderndes Verhalten. Auch die Grundlagen für psychosomatische Erkrankungen sowie Angst- und Kontaktstörungen können in dieser Phase gelegt werden.

Anale Phase

Die anale Phase folgt auf die orale Phase und geht bis ungefähr zum dritten Lebensjahr. Der Lustgewinn des Kindes verlagert sich von seinem Mund auf den Anus. Das Schlüsselerlebnis in dieser Phase ist die Sauberkeitserziehung. Es entsteht ein Konflikt zwischen dem Es, das eine unmittelbare Befriedigung des Bedürfnisses nach Ausscheidung verlangt, und dem Ich, das diese Befriedigung aufschieben will, um den Wünschen der Eltern zu entsprechen. Hier kommt also schon der Einfluss des Über-Ichs zur Geltung.

Im Idealfall erfolgt eine allmähliche Anpassung des Kindes an eine behutsame Erziehung der Eltern, die ihm Werte von Sauberkeit und Ordnung vermitteln. Dies führt dann zum Aufbau eines Ichs mit einer gut ausgebildeten Fähigkeit zur Selbstkontrolle.

Stellen die Eltern jedoch unangemessene Anforderungen an die Sauberkeit, kann dies zur Entwicklung einer übermäßig stark kontrollierten Persönlichkeit führen, die einen übertriebenen Wert auf Regeln, Sauberkeit und Ordnung legt. Das äußert sich häufig auch in einem sehr sturen und wenig flexiblen Verhalten. Da in diesem Fall der Einfluss des Über-Ichs sehr dominant ist, können sich auch Ängste entwickeln. Das hat wiederum häufig eine Verdrängung des Triebimpulses zur Folge, um die damit entstehende Spannung abzubauen.

Gibt das Kind den Trieben des Es nach und wird dabei von seinen Eltern nicht ausreichend korrigiert, so wird es nicht lernen, sich selbst zu kontrollieren. Dies kann zur Ausbildung einer nachlässigen Persönlichkeit führen, die sich durch Schlampigkeit und Unordnung auszeichnet.

Phallische Phase

Im vierten und fünften Lebensjahr durchläuft das Kind die phallische Phase. In dieser Zeit entwickelt das Kind ein Bewusstsein für seinen eigenen Körper sowie für den Körper anderer Kinder und seiner Eltern. Nicht zufällig fallen in diese Phase häufig die sogenannten „Doktorspiele", bei denen ein Kind seine eigenen Genitalien und die anderer Kinder erkundet. Dadurch lernt es den körperlichen Unterschied zwischen Mann und Frau kennen und entwickelt seine eigene sexuelle Identität als Junge oder Mädchen.

Nachdem das Kind nun den Unterschied zwischen den Geschlechtern entdeckt hat, kommt bereits in diesem Alter die ganz natürliche Anziehung zum anderen Geschlecht zum Tragen. Hierbei fühlen sich Jungen zu ihrer Mutter hingezogen („Ödipus-Komplex") und die Mädchen zu ihrem Vater („Elektra-Komplex"). Dies bringt das Kind dann aber in einen gefühlten Konflikt mit dem gleichgeschlechtlichen Elternteil, was häufig zu einem Rivalisieren des Jungen mit dem Vater und der Tochter mit der Mutter führt. Wenn die Entwicklung in dieser Phase gesund abläuft, wird das Kind lernen, dass sein Verlangen nach „Besitz" des gegengeschlechtlichen Elternteils nicht erfüllt werden kann. Es wird auf den Wunsch danach verzichten und sich sukzessive stärker mit dem gleichgeschlechtlichen Elternteil identifizieren. Der Junge möchte also wie der Vater sein und die Tochter wie die Mutter.

Eine erfolgreiche Bewältigung dieser Phase ist besonders wichtig für die gesunde Entwicklung des Über-Ichs. Durch die Identifikation mit dem gleichgeschlechtlichen Elternteil werden auch dessen Moralvorstellungen verinnerlicht. Dadurch werden nicht nur die Vorstellungen geprägt, welche Werte man als Mann beziehungsweise als Frau vertritt, auch fällt es dem Erwachsenen dann leichter, eigenmotiviert nach sozialen Regeln zu leben, anstatt sie lediglich aus Angst vor Bestrafung zu befolgen.

Kinder, die diesen Konflikt in der phallischen Phase nicht auflösen, sehen sich auch als Erwachsene immer noch in starker Konkurrenz zum eigenen Geschlecht. Dies kann zu einer aggressiven, übermäßig ehrgeizigen oder auch eitlen Persönlichkeit führen. Dem anderen Geschlecht gegenüber kann ein übermäßig stark ausgeprägter Wunsch nach Verbindung entstehen. Er kann sich in einem besonders verführerischen Verhalten, aber auch in Unterwürfigkeit oder Abhängigkeit äußern.

DEN ZUGANG ZU DEN EIGENEN GEFÜHLEN VERBESSERN

Sie wissen bereits, dass viele von uns in ihrer Kindheit gelernt haben, unwillkommene Gefühle zu verdrängen. Schauen wir uns jetzt an, wie wir trainieren können, wieder mehr mit unseren Emotionen in Kontakt zu kommen.

Wieder das fühlen, was da ist

Wenn wir uns in einer Situation befinden, in der ein unwillkommenes Gefühl angeregt wird, reagiert unser Unterbewusstsein unmittelbar und wendet die damals erlernte Strategie an, um mit dieser Empfindung umzugehen. Dies kann sich darin äußern, dass wir eine ganz andere Emotion wahrnehmen: Sie war für uns in unserer Kindheit akzeptabel und hat das eigentliche Gefühl verdrängt. Dann spüre ich vielleicht eine Traurigkeit, obwohl ich eher wütend sein sollte. Oder ich tue unbewusst Dinge, um etwas zu spüren, das ich angenehmer finde (z. B. Schokolade essen). Damit nehme ich die ursprüngliche Emotion nicht mehr wahr.

Wie wir gelernt haben, hatten unsere Gefühle ursprünglich eine sehr wichtige Funktion. Aber wenn wir ein einmal angeregtes Gefühl nicht wahrnehmen, bekommt unser Emotionalgehirn nicht die Rückmeldung, dass das Gefühl erkannt wurde. Dann möchte dieses Gefühl immer wieder in Erscheinung treten – was zu einer erneuten Verdrängung führen kann. Daraus kann ein Teufelskreis entstehen, der zum Beispiel bei häufig unterdrückter Wut irgendwann zu einem unkontrollierten Wutausbruch oder cholerischem Verhalten führen kann oder bei einem dauerhaft unterdrückten Gefühl der Traurigkeit zu einer Depression.

Da die meisten von uns gelernt haben, zumindest einen Teil ihrer Gefühle zu verdrängen, fällt es uns heute oft schwer, unsere Emotionen wirklich zu empfinden. Gerade Männer gestehen sich häufig nicht zu, traurig zu sein und zu weinen, während Frauen oft dazu erzogen wurden, ihre Wut zu unterdrücken. Daher gilt es, in einem ersten Schritt wieder zu lernen, die eigenen Gefühle wahrzunehmen. Dabei hilft, sich folgendes bewusst zu machen:

Ich kann Gefühle aushalten

- Wenn ich ein erwachsener Mensch bin, existieren die fiktiven Gefahren der Kindheit für mich nicht mehr. Ich sterbe nicht, wenn mir jemand seine Liebe entzieht, ich mal jemandem meine Wut zeige oder wenn ich meine Trauer zulasse und vielleicht sogar weine. Im Gegenteil: Oft bewirkt genau eine solche offen gezeigte Emotion sogar etwas Positives, weil mich mein Gegenüber dann als lebendig und ehrlich empfindet.
- Es ist also sehr wichtig zu verstehen, dass mir als Erwachsener nichts passieren kann, wenn ich mir erlaube, meine Emotionen zu spüren, statt sie zu unterdrücken. Wobei ich hier ausdrücklich betonen möchte, dass dies nicht zwangsläufig bedeuten

muss, die Gefühle auch auszuagieren. So kann mich das Wahrnehmen einer vorhandenen Wut wirklich weiterbringen. Das Ausleben in Form eines Wutanfalls, bei dem ich möglicherweise andere Menschen verbal oder sogar körperlich angreife und verletzte, ist damit aber nicht gemeint. Je bewusster ich meine Gefühle wahrnehme, umso mehr verringert sich das Bedürfnis, diese zu unterdrücken oder ihnen beispielsweise durch Suchtverhalten auszuweichen. Ebenso vermindert sich der Drang, sie in einer unpassenden Form auszuleben.

- Je häufiger ich meine Gefühle spüre und dabei registriere, dass mir nichts Schlimmes geschieht, umso geringer wird meine Motivation, zukünftig ein Ausweichverhalten zur Vermeidung meiner Gefühle an den Tag zu legen. Wieder sind wir bei den Lernprozessen, denn mit jeder Erfahrung „Es passiert mir nichts" entsteht nach und nach eine neue Ausbildung der entsprechenden Synapsen in meinem Gehirn, die mir erlauben wird, meine Gefühle immer realer wahrzunehmen.

Gefühle verändern sich

Eine der wichtigsten Eigenarten unserer Emotionen ist, dass sie sich verändern. Ursache ist unser beschränktes Bewusstsein: Wir sind immer nur in der Lage, ein Gefühl gleichzeitig bewusst zu empfinden. So können wir nicht gleichzeitig Trauer und Freude empfinden (auch wenn sich dies manchmal so anfühlt – dann wechseln sich diese Gefühle aber nur sehr schnell ab). Aufgrund dieser beschränkten Aufmerksamkeitsspanne ist es aber so, dass wir kein Gefühl dauerhaft empfinden. Immer wird ein anderes Gefühl folgen. So kann es sein, dass ich zu einem Zeitpunkt Freude spüre, meine Gedanken sich kurz danach aber in eine andere Richtung bewegen und ich plötzlich ein Gefühl der Trauer empfinde. Wenn ich dem Gefühl aber die notwendige Aufmerksamkeit schenke, hat es seinen Zweck erfüllt und es kann ein anderes Gefühl an die Stelle des vorhergehenden treten. Da wir immer nur ein Gefühl auf einmal fühlen können, ist dann nur noch das neue Gefühl spürbar.

Wie können Sie nun aber lernen, Ihre Gefühle wieder besser wahrzunehmen? Dazu empfehle ich Ihnen nachfolgende Übung:

ÜBUNG 3 „ICH ERLAUBE MIR ZU FÜHLEN" ❗

1. Setzen Sie sich an einen ruhigen Ort und schließen Sie die Augen.
2. Konzentrieren Sie sich auf Ihren Solarplexus und sagen Sie sich innerlich: „Ich erlaube mir zu fühlen!"
3. Warten Sie nun 1 bis 2 Atemzüge ab und beobachten Sie alle Gefühle, die in Ihnen vorhanden sind – ohne diese zu bewerten oder verändern zu wollen.
4. Gehen Sie wieder zu Schritt 2

Führen Sie diese Übung für 10 Minuten durch.

HINWEISE

- Bei dieser Übung können sowohl körperliche als auch emotionale Gefühle hochkommen. Da es bei der Übung darum geht, zunächst wieder zu lernen, die eigenen Gefühle wahrzunehmen, ist es unerheblich, welcher Art die Gefühle sind. Auch müssen Sie Ihre Emotionen nicht besonders stark empfinden. Oft reicht es schon, eine Ahnung des Gefühls zu haben. Je häufiger Sie diese Übung machen, umso klarer werden die Gefühle werden.
- Es ist in diesem Schritt nicht erforderlich, die Gefühle benennen zu können. Manchmal werden Sie unmittelbar wissen, um was für ein ▶

Gefühl es sich handelt, manchmal werden Sie aber nur ein vages Gefühl wahrnehmen. Strengen Sie sich nicht an, dieses Gefühl zu benennen – nehmen Sie es einfach nur wahr.

- Versuchen Sie, einfach nur zu fühlen. Bewerten Sie die aufkommenden Emotionen nicht und versuchen Sie nicht, diese zu analysieren oder etwas hineinzuinterpretieren. Versuchen Sie auch nicht, die aufkommenden Empfindungen zu verändern. Seien Sie neugierig und lassen Sie sich überraschen, welche Gefühle hochkommen.

- Wenn ein unangenehmes Gefühl auftaucht, versuchen Sie bewusst, in diesem Gefühl zu bleiben und es wahrzunehmen – selbst wenn dabei einmal Tränen fließen: Dann wissen Sie, dass Sie auf einem guten Weg sind.

- Da kein Gefühl dauerhaft ist, wird es wahrscheinlich so sein, dass sich im Laufe der Übung die wahrgenommenen Empfindungen ändern. Versuchen Sie nicht, diesen Prozess zu beeinflussen, sondern nehmen Sie immer genau das Gefühl wahr, das Sie spüren.

- Gehen Sie spielerisch mit dieser Übung um. Sie können nichts falsch machen.

- Neben dem Ziel, Ihre Gefühle wieder besser wahrnehmen zu können, kann sich allein durch regelmäßiges Praktizieren dieser Übung schon eine positive Änderung in Ihrem Leben einstellen. Wenn Sie sich während dieser Übung auf eine unangenehme Emotion konzentrieren und dies nicht versuchen zu beeinflussen, lernt Ihr Unterbewusstsein, dass nichts Schlimmes passiert, wenn Sie dieses Gefühl wahrnehmen. Wenn es diese Erfahrung nun mehrfach macht, wird der Anreiz, eine solche Emotion zu unterdrücken oder ihr auszuweichen, mit der Zeit immer kleiner werden.

MEIN AKTIVITÄTSPLAN

Folgende Aktivitäten sollten Sie von nun an ausführen:

Tägliche Meditationseinheit mit folgenden Elementen:

Aktivität	Dauer	Zyklus
Achtsamkeitsmeditation	10 min.	täglich
Akzeptanz + Dankbarkeit	10 min.	täglich

Über den Tag verteilt immer mal wieder:

Aktivität	Anmerkung
Akzeptanz + Dankbarkeit	Machen Sie diese Übung immer wieder zwischendurch, sodass sie eine Gewohnheit wird

Zwei bis drei Mal pro Woche:

Aktivität	Anmerkung
Ich erlaube mir zu fühlen	Machen Sie diese Übung möglichst oft, sodass Sie sich immer mehr an Ihre Gefühle annähern

Die Übung „Ich erlaube mir zu fühlen" ist eine Vorbereitung auf die noch kommenden Übungen. Führen Sie diese Übung so lange durch, wie Sie spüren, dass es Ihnen schwerfällt, Ihre Gefühle vorurteilsfrei zu fühlen. Wenn Sie später die Übung „Gefühle annehmen" (siehe folgendes Kapitel) regelmäßig durchführen, kann die Übung „Ich erlaube mir zu fühlen" entfallen.

ANNEHMEN ALS BASIS ZUM LOSLASSEN

Unangenehme Gefühle waren evolutionsbiologisch notwendig für das Überleben der Art Mensch. Dies trifft aber heutzutage auf einen Erwachsenen, der in unserer modernen Welt lebt, normalerweise nicht mehr zu. Trotzdem machen wir uns immer noch in definitiv nicht lebensbedrohlichen Situationen so starke Gefühle, als ginge es um unser Überleben. Dagegen können wir etwas tun: Wenn wir unsere unangenehmen Empfindungen annehmen, können wir sie dann auch irgendwann loslassen.

Emotionen basieren meist auf Erinnerungen

Unsere starken unerwünschten Gefühle hindern uns oft daran, ein glückliches und selbstbestimmtes Leben zu leben. Wenn Sie etwa beim Gedanken, den Job zu wechseln, Existenzangst verspüren, als ob es ums Überleben ginge, werden Sie nicht in der Lage sein, rational alle Argumente für und wider abzuwägen und zu einer fundierten Entscheidung zu kommen. Sie werden von Ihrer Angst bestimmt und das führt dann vielleicht dazu, dass Sie in einem Job bleiben, in dem Sie unglücklich sind – obwohl es bessere Alternativen gäbe.

Auch in der täglichen Kommunikation machen uns diese Muster das Leben schwer. So ist es nicht ungewöhnlich, aggressiv auf eine kritisch klingende Bemerkung zu reagieren, weil wir uns so angegriffen fühlen, als wäre unser Leben bedroht. Dass wir dann nicht mehr in der Lage sind, eine konstruktive Diskussion zu führen und einen guten Kompromiss zu erreichen, liegt auf der Hand.

Wie wir gesehen haben, erzeugt unser Emotionalgehirn diese Gefühle aber schneller, als unser Großhirn arbeiten und die Lage rational einschätzen kann. Mit bloßem Nachdenken können wir also nicht viel ausrichten. Doch wir haben auch gelernt, dass unser Emotionalgehirn vor allem aufgrund der Prägungen, die wir in der Kindheit erworben haben, reagiert. Habe ich als Kind eine Situation als bedrohlich erlebt und dabei große Angst gehabt, wird nun als Erwachsener unbewusst genau dieses Gefühl wieder aktiviert, wenn ich eine vergleichbare Situation erlebe oder ein ähnlicher Auslöser vorliegt. Unbewusst erinnere ich mich an die damalige Situation und damit auch an das dazu abgespeicherte Gefühl. Denn unser Gehirn speichert Erinnerungen immer zusammen mit den zugehörigen Gefühlen ab. Dies erleben Sie zum Beispiel auch, wenn Sie sich an einen schönen Urlaub zurückerinnern und sich dabei wieder gut fühlen oder wenn Sie an eine unangenehme Situation zurückdenken und sich dann wieder schlecht fühlen oder sogar erneut wütend werden.

Da sich unser Gehirn ständig verändert, können wir aber auch unsere Erinnerungen verändern. Und genau hier liegt die Chance, uns im positiven Sinne weiterzuentwickeln, um uns nicht mehr so stark von unseren unbewusst erzeugten Emotionen leiten zu lassen.

Dass dies funktioniert, erkennt man an Untersuchungen von Zeugenaussagen nach einem Unfall oder einem Verbrechen. Wenn

Zeugen im Vorfeld seiner Aussage gewisse Dinge suggeriert werden (z. B. dass es sich um das Auto einer bestimmten Marke handelt), meinen einige Zeugen, sich genau an dies zu erinnern, obwohl es nicht der Realität entspricht. Denn diese neue Information wird im Gehirn mit der realen Erinnerung verknüpft und dann so wahrgenommen, als wäre die Information zeitgleich mit dem Ereignis aufgenommen worden. Also lernt unser Gehirn nicht nur neue Fähigkeiten und Wissen. Es kann auch Dinge lernen, die unsere Erinnerungen verändern. Und damit arbeiten wir!

Gefühle wollen gefühlt werden

Aufgrund unserer unbewussten Prägungen reaktiviert unser Emotionalgehirn die Gefühle, die ich als Kind mit einem entsprechenden Auslöser verknüpft habe. Selbst wenn ich mich in den meisten Fällen nicht mehr bewusst an das damalige Vorkommnis erinnern kann, spüre ich plötzlich Wut, Traurigkeit oder um was auch immer es damals ging. Unser Emotionalgehirn erzeugt ein Gefühl, weil es uns motivieren will, uns so zu verhalten, dass wir der gespürten Gefahr ausweichen können. Dabei analysiert das Emotionalgehirn jedoch nicht unsere Aktionen, um zu erkennen, ob die Situation nun geklärt ist oder nicht. Vielmehr sieht es seine Aufgabe als erfüllt an, wenn es die Information gesendet bekommt, dass die Empfindung bewusst wahrgenommen wurde. Dann geht es davon aus, dass die entsprechenden Aktionen eingeleitet werden. Da wir aber unbewusst einen Großteil unserer Gefühle unterdrücken beziehungsweise verdrängen (wie auf Seite 97 beschrieben), bekommt das Emotionalgehirn natürlich nicht die Rückmeldung „Nachricht angekommen". Deswegen wird es bei jedem vergleichbaren Auslöser immer wieder die entsprechende Emotion produzieren.

Wenn wir dagegen als Erwachsene ein hochkommendes Gefühl bewusst wahrnehmen, ohne es zu unterdrücken oder zu verdrängen, dann bekommt das Emotionalgehirn die direkte Rückmeldung darüber und kann aufhören, dieses Gefühl zu produzieren. Bei kleinen Kindern, denen gestattet wird, ihre Emotionen auszuleben, kann man dies sehr schön beobachten. So kann ein Kind weinen, weil es traurig ist, dann aber sehr schnell ein positives Gefühl folgen lassen. In dem Moment, wo wir die Gefühle zulassen, haben sie ihren Sinn und Zweck erfüllt und können gehen.

Neben der Tatsache, dass ich sehr viel schneller aus dem unangenehmen Gefühl wieder herauskomme, passiert aber noch etwas viel Besseres. Da das Emotionalgehirn nun die klare Nachricht empfängt, dass das Gefühl wahrgenommen und nicht verdrängt wird, speichert es dies zusammen mit der ursprünglichen Erinnerung ab. Wenn ich die gleiche Emotion einmal sehr intensiv oder häufiger in abgeschwächter Form wahrnehme, ohne ihr aus dem Weg zu gehen, dann werden die entsprechenden Synapsen umgebaut: Aus „die Emotion ist noch nicht angekommen und muss bei erneuter Anregung wieder produziert werden" wird „die emotionale Nachricht wurde vom Bewusstsein wahrgenommen und hat damit ihre Aufgabe erfüllt". Dadurch wird der gleiche Auslöser wie vorher nun nicht mehr diese starke Emotion erzeugen.

Der Prozess ist dem sehr ähnlich, der abläuft, wenn Sie eine angstbesetzte Erfahrung häufiger machen, ohne dass etwas Schlimmes passiert. Stellen Sie sich vor, Sie springen zum ersten Mal in Ihrem Leben mit einem Fallschirm aus dem Flugzeug. Wahrscheinlich werden Sie höllisch Angst haben und Ihnen werden die Knie schlottern. Wenn Sie das Hobby nun intensiv weiterbetreiben und irgendwann den hundertsten Sprung machen, werden Sie sicherlich keine solche Angst wie bei ersten Sprung spüren. Was ist nun passiert?

Ihr Gehirn hat sich verändert. Jedes Mal, wenn Sie die Angst vor dem Sprung spüren und nichts dabei passiert, werden die Synapsenverbindungen angepasst – und zwar in der Art, dass das Emotionalgehirn zurückgespiegelt bekommt „Angst angekommen – aber nichts passiert". Dadurch wird die unbewusste Bewertung der Situation nach und nach so verändert, dass Sie irgendwann überhaupt keine Angst mehr beim Sprung aus dem Flugzeug spüren.

In gleicher Art und Weise verändern sich die Neuronenverbindungen aber bereits, wenn ich mir nur intensiv erlaube, das Gefühl zu spüren. Auch dann bekommt das Emotionalgehirn zurückgespiegelt: „Keine Gefahr!", und kann damit die unbewussten Speicherungen verändern.

Um unsere alten emotionalen Muster zu verändern, reicht es also schon aus, die jeweilige Empfindung anzunehmen, ohne gegen sie zu kämpfen oder sie zu verdrängen. Dann verändert sich unsere Gehirnstruktur derart, dass die immer wieder erfolgende Reaktivierung von Gefühlen aus unserer Kindheit nicht mehr nötig ist.

Wie wir diese Erkenntnis zu unserem inneren Wachstum umsetzen können, erfahren Sie im nachfolgenden Kapitel.

Bisher unterdrückte Gefühle annehmen

Da wir nun wissen, dass unsere unangenehmen Gefühle auftreten, weil unbewusste Erinnerungen aus unserer Kindheit reaktiviert werden, können wir ab jetzt dankbar für jedes unangenehme Gefühl sein. Nun werden Sie sich vielleicht fragen: „Dankbar sein, wenn ich wütend werde, traurig bin oder mich einsam fühle?" Ja genau! Denn dies gibt uns die Möglichkeit, exakt jenes gespeicherte

Gefühl zum ersten Mal wirklich bewusst zu wahrzunehmen und die damit verbundene Erinnerung so zu verändern, dass diese Emotion uns zukünftig nicht mehr aus dem Unbewussten überwältigen kann. Sehen Sie von nun an also jedes unangenehme Gefühl als eine Chance für Ihre persönliche Weiterentwicklung! Dafür gibt es eine einfache Methode:

ÜBUNG 4 „GEFÜHLE ANNEHMEN"

1. Schließen Sie Ihre Augen.
2. Sagen Sie sich innerlich: „Ich erlaube mir dieses Gefühl wahrzunehmen." Lassen Sie das damit verbundene Gefühl hochkommen.
3. Beobachten Sie, wo Sie in Ihrem Körper dieses Gefühl wahrnehmen können. Gehen Sie dann mit Ihrer Aufmerksamkeit zu dieser Stelle in Ihrem Körper.
4. Sagen Sie innerlich zu diesem Gefühl: „Ich heiße dich willkommen und bin nun bereit, dich mit allen Aspekten zu fühlen." Wiederholen Sie dies einige Male, bis Sie spüren, dass Sie dem Gefühl wirklich Ihre ganze Aufmerksamkeit widmen.
5. Sagen Sie innerlich zu diesem Gefühl: „Ich erkenne an, dass ich dich einmal selbst erschaffen habe und bin nun bereit, dich gehen zu lassen." Lassen Sie sich ein wenig Zeit, zu spüren, wie das Gefühl weniger intensiv wird und lassen Sie es dann ziehen.
6. Zum Abschluss konzentrieren Sie sich noch einmal auf Ihre Brust und sagen sich: „Danke für diesen vollkommenen Augenblick."
7. Genießen Sie einen Augenblick lang den Frieden in Ihnen.

Diese Technik funktioniert rein innerlich. Mit etwas Übung können Sie sie sehr schnell durchführen, auch unterwegs. Sie können diese Methode mit allen Gefühlen durchführen, die Sie als belastend empfinden.

HINWEISE

- Strengen Sie sich bei dieser Übung nicht an. Erwarten Sie vor allem nicht, ein bestimmtes Gefühl zu empfinden oder eine besondere Intensität zu spüren. Manchmal haben Sie den Eindruck, so gut wie nichts zu spüren, manchmal können die Emotionen aber auch stark sein. Dies ist alles so in Ordnung, wie Sie es in dem Augenblick empfinden. Arbeiten Sie einfach mit genau dem, was in diesem Moment da ist.

- Es kann auch vorkommen, dass es Ihnen schwerfällt, zu spüren, an welcher Stelle in Ihrem Körper das Gefühl sitzt. In diesem Fall gehen Sie einfach mit Ihrer Aufmerksamkeit zu Ihrem Solarplexus und führen Sie die Übung sonst unverändert durch.

- Manchmal können Sie sich auch einfach nicht auf das Gefühl konzentrieren, das Sie in diesem Moment bearbeiten wollen. Vielleicht schweifen Ihre Gedanken bei der Übung ab und Sie stellen mit einem Mal fest, dass Sie auf halbem Weg mit der Übung aufgehört haben. Oder Sie spüren, dass Sie das entsprechende Gefühl nicht spüren wollen und lenken sich deswegen davon ab. In diesem Fall haben Sie wahrscheinlich einen inneren Widerstand, dieses Gefühl zu empfinden. Dann machen Sie die Übung einfach zunächst mit Ihrem Widerstand: Dazu sagen Sie in Schritt 2: „Ich erlaube mir nun diesen Widerstand zu fühlen", und durchlaufen dann den kompletten Übungsablauf damit. Anschließend können Sie die Übung dann wie geplant mit dem ursprünglichen Gefühl durchführen.

- Diese Übung sollten Sie immer dann anwenden, wenn Sie ein unangenehmes Gefühl empfinden. Mit etwas Übung geht dies sehr schnell und kann „auch mal eben zwischendurch" gemacht werden. Wenn Sie zum Beispiel im Büro eine Situation erleben, die eine Emotion in Ihnen auslöst, könnten Sie sich kurz zurückziehen und diese Schritte durchlaufen. Falls Sie keine andere Möglichkeit haben, gehen Sie doch einfach auf die Toilette – das ist immer eine akzeptable Ausrede – und machen Sie die Übung dort.

Und denken Sie immer daran: Sie machen diese Übung nicht, um dem Menschen einen Gefallen zu tun, der Auslöser für Ihr schlechtes Gefühl war. Sie machen diese Übung allein für sich. Da Sie sich Ihre schlechten Gefühle selbst machen, übernehmen Sie nun Verantwortung für Ihr Gefühlsleben und kümmern sich darum.

Selbst wenn dies vielleicht nicht in allen Situationen unmittelbar dazu führt, dass Sie komplett zur Ruhe kommen, so werden Sie nach der Übung entspannter sein und mit einem klareren Kopf schauen, wie Sie nun agieren wollen. Neben der Tatsache, dass Sie diesen direkten Effekt spüren, verändern Sie aber mit jeder Durchführung dieser Übung Ihre unbewussten Prägungen. Genau hier liegt der große Nutzen. Je häufiger Sie dies tun, umso mehr verändern Sie die in Ihrem Unterbewusstsein gespeicherten Verknüpfungen zwischen Erinnerung und Emotion, sodass diese immer seltener reaktiviert werden, um in Ihnen ein schlechtes Gefühl zu erzeugen.

Sonderfall „Wut"

Wie wir auf Seite 92 gesehen haben, erzeugt unser Reptiliengehirn sehr schnell eine automatische Reaktion, wenn wir uns bedroht fühlen. Wenn wir dabei in den Kampfmodus gehen, sorgt ein erhöhter Ausstoß von Stresshormonen wie Adrenalin und Kortisol unter anderem für einen beschleunigten Herzschlag und eine Erhöhung der Atemfrequenz. Ziel dieser körperlichen Reaktionen ist es, Energiereserven freizusetzen, um unseren Organismus auf einen bevorstehenden Kampf vorzubereiten und letztlich unser Leben zu sichern.

Genau das Gleiche passiert, wenn wir wütend werden. Man könnte sogar so weit gehen zu behaupten, dass die Grundlage jeder Wut eine empfundene Bedrohung ist. Nun haben wir aber auch gelernt, dass eine solche Reaktion heute nicht nur dann auftritt, wenn wir uns real in unserem Leben bedroht fühlen. Auch die Reaktivierung unserer frühkindlichen Angstgefühle kann zu einer solchen Reaktion führen. Und plötzlich fühle ich mich bedroht, wenn mich ein anderer Autofahrer ausbremst, sich jemand in einer Schlange vordrängelt oder mein Kind meine wiederholte Aufforderung ignoriert, sein Zimmer aufzuräumen.

Je nach unserer individuellen Prägung können das ganz unterschiedliche Dinge sein. Allen ist aber gemeinsam, dass mein Emotionalgehirn dies als ernsthafte Bedrohung interpretiert und die oben beschriebenen körperlichen Reaktionen ausgelöst werden. Gleichzeitig wird unser Großhirn derweil weitgehend abgeschaltet. Daher ist eine rationale Reaktion in diesem Moment kaum möglich. Aus diesem Grund ist es in einer solchen Situation auch wenig sinnvoll, eine sachliche Diskussion über die auslösende Ursache zu führen.

Zum Glück ist es aufgrund unserer Sozialisation so, dass eine solche Wut-Reaktion normalerweise nicht zu einem realen Kampf führt, wie es ursprünglich von der Natur vorgesehen war. Das ist zwar grundsätzlich lobenswert, hat aber den Nachteil, dass die körperliche Reaktion ins Leere läuft. Der extrem hohe Hormonspiegel wird nicht durch körperliche Aktivität wie Kämpfen oder Wegrennen abgebaut, sondern Adrenalin und Kortisol bleiben im Blut und dadurch in unserem System aktiv. Er wird vorwiegend durch Bewegung wieder abgebaut – deswegen hilft Sport so gut gegen Stress.

Da unser Emotionalgehirn ja keinen Unterschied zwischen einer real erlebten Situation und der Vorstellung einer Situation machen kann, bauen wir diesen Hormonspiegel auch jedes Mal wieder auf, wenn wir nur an die entsprechende Situation zurückdenken und damit die Wut wieder aktivieren. Auf Dauer führen nicht abgebaute Stresshormone, wie sie bei häufiger Wut oder dauerhafter Angst meistens vorhanden sind, zu gesundheitlichen Problemen wie Muskelverspannungen, Rückenschmerzen oder Bluthochdruck – und können langfristig in Herzinfarkt und Schlaganfall münden.

Daher kann es bei Wut tatsächlich sinnvoll sein, erst einmal im wahrsten Sinne des Wortes „Dampf" abzulassen. Dies sollte natürlich in einer sozial verträglichen Art und Weise erfolgen, also nicht, indem Sie wirklich in einen physischen Kampf mit Ihrem Gegenüber gehen. Vielleicht haben Sie es gerade beim Autofahren schon einmal erlebt, dass es sehr befreiend sein kann, einfach einmal laut zu schreien. Andere Möglichkeiten, die Stresshormone wieder in einen normalen Bereich zu bringen, wären:

- Suchen Sie sich ein Kissen oder eine Matratze und schlagen Sie so lange darauf ein, bis sich Ihre Emotion beruhigt. Für Menschen, die häufiger eine starke Wut empfinden, kann es sinnvoll sein, sich einen Boxsack zu beschaffen.

- Da Sie nicht überall einfach laut losbrüllen können, wie allein in Ihrem Auto, gibt es die Möglichkeit, sich ein Kissen vor den Mund zu halten und in dieses Kissen zu schreien. Auch dies sollten Sie so lange machen, bis Sie sich ruhiger fühlen. Tipp: Um dabei Ihre Stimmbänder nicht zu überlasten, formen Sie dabei den Laut „U" und versuchen Sie die Kraft für das Schreien tief aus Ihrem Bauch heraus zu erzeugen.

- Machen Sie eine körperliche Übung, die Sie wirklich anstrengt. Dies können zum Beispiel Liegestütz oder Kniebeugen sein oder Sie laufen eine Treppe ein paar Mal rauf und runter. Seien Sie kreativ und nehmen Sie das, was zu Ihnen passt. Wichtig ist aber, dass es etwas ist, was Sie in diesem Moment wirklich anstrengt – also hören Sie nicht auf, bevor Sie nicht das Gefühl haben, wirklich alles gegeben zu haben.

- Wenn Sie sich dann ein wenig beruhigt haben, sollten Sie anschließend noch die obige Übung „Gefühle annehmen" durchführen, damit Sie wirklich wieder zur Ruhe kommen.

Für die meisten von Ihnen mag diese Vorgehensweise erst einmal sehr ungewohnt klingen. Aber im zwischenmenschlichen Bereich kann es Ihnen die Kommunikation enorm erleichtern. Gerade bei Menschen, die einem sehr nahe stehen, wie der Partner oder die Kinder, kommt es sehr leicht dazu, dass in der Kommunikation unbewusste Muster aktiviert werden und wir sehr emotional werden können. Dies liegt daran, dass unser jeweiliger Kommunikationspartner uns und unsere Muster sehr gut kennt und unbewusst genau die „Knöpfe" drückt, die uns wütend machen.

Wir alle wissen aber auch, dass die meisten sehr emotional geführten Diskussionen gerade innerhalb der Familie wenig zielführend sind. Und so kann es von Vorteil sein, sich in der Familie (oder Partnerschaft) darauf zu einigen, dass jeder die Möglichkeit hat, eine „Diskussion" zu unterbrechen, wenn er eine Wut aufsteigen spürt. Gehen Sie dann in einen anderen Raum, wo Sie ungestört Ihre Gefühle zum Ausdruck bringen können. Gut wäre es, wenn Sie bei sich zu Hause einen solchen Raum haben, in dem Sie zum einen ungestört sein können, zum anderen vielleicht sogar schon das Equipment vorbereitet haben, sodass Sie unmittelbar „loslegen" können, wenn Sie das Bedürfnis danach empfinden.

Auf diese Art und Weise können Sie die geballte Emotion zulassen, verhindern gleichzeitig aber auch, dass Ihr Partner oder Ihr Kind diese ungefiltert abbekommt und vielleicht sogar ungerechtfertigt von Ihnen angegriffen wird. Sie werden danach nicht nur die Diskussion um ein Vielfaches ruhiger fortsetzen können, sondern bearbeiten auch gleich Ihr dahinterliegendes altes Muster. Längerfristig führt diese Strategie dazu, sich nicht mehr über die gleichen Sachverhalte aufregen zu müssen.

Und wenn Sie jetzt sagen, dass Sie sich aber verteidigen müssen, wenn Sie ungerechtfertigt angegriffen werden oder Ihr Partner Sie verletzt, dann erinnere ich Sie an das, was wir auf Seite 89 gelernt haben: „Mein Gefühle mache ich mir selbst." Auch wenn dies meistens unbewusst geschieht, so ist es doch immer Ihre Entscheidung, wie Sie auf das, was Ihr Kommunikationspartner sagt, emotional reagieren. Geben Sie diese Verantwortung also nicht ab, denn damit begeben sich in die Opferrolle, in der Sie dem anderen die Macht über Ihr Gefühlsleben geben! Und dass Sie aus der Ruhe heraus inhaltlich sicherlich viel zielführender argumentieren können, als wenn Sie blind vor Wut sind, versteht sich von selbst.

Alte Prägungen aufspüren

Mit der Übung „Gefühle annehmen" haben Sie nun ein sehr kraft-
volles Werkzeug in der Hand, Ihre unbewussten Prägungen systematisch zu verändern. Auch wenn Sie aktuell kein belastendes
Gefühl empfinden, können Sie die Übung mit allem durchführen,
was Sie behindert, ein freies und selbstbestimmtes Leben zu führen. Dies können z. B. sein:

- Alle Erinnerungen an Situationen, in denen Sie sich nicht wohl-
  gefühlt haben
- Alles Zukünftige, was schon beim Gedanken daran ein unange-
  nehmes Gefühl auslöst („Ich muss morgen den Vortrag halten",
  „Schwiegermutter kommt zu Besuch!", „Werde ich immer genug
  Geld haben?")
- Glaubenssätze über Sie selbst („Ich bin nicht gut genug", „Ich
  bin schwach", „Ich kann dies oder jenes nicht")
- Alle Glaubenssätze, die Sie über das Leben haben – diese sind
  häufig auch in Sprichwörtern versteckt, die wir schon als Kinder
  gelernt haben („Ohne Fleiß keinen Preis", „Das Leben ist kein
  Wunschkonzert")
- Alle Bewertungen und Vorurteile, die Sie in sich abgespeichert
  haben

Ich empfehle Ihnen, sich ein wenig Zeit zu nehmen und eine „Liste
der hinderlichen Prägungen" aufzustellen, also all der Dinge, die
Ihnen bei den Punkten einfallen, die ich oben erwähnt habe. Wenn
Sie möchten, können Sie sich auch zusätzlich inspirieren lassen,
indem Sie z. B. im Internet eine Liste bekannter Sprichworte auf-
rufen und schauen, welche davon Sie gut kennen. Oder Sie bitten
einen guten Freund, Ihnen Ideen zu geben, welche Punkte ihm für
Sie einfallen. Nehmen Sie aber nur jene in Ihre Liste auf, die Sie als
passend für sich selbst empfinden.

Aber Achtung! Seien Sie dabei ehrlich sich selbst gegenüber und versuchen Sie nicht, Dinge wegzulassen, nur weil Sie es nicht mögen, diese in sich zu haben.

Sie werden erstaunt sein, wie lang eine solche Liste werden kann. Und: Sie wird auch nie abgeschlossen sein. Am besten Sie legen die Liste in Griffweite, sodass Sie jederzeit etwas ergänzen können, wenn Ihnen noch etwas dazu einfällt.

Um keine wichtigen Dinge zu vergessen, kann es auch hilfreich sein, sich zu fragen, in welchen Bereichen Sie mit Ihrem Leben unzufrieden sind. Und dann schauen Sie, ob Ihnen hierzu Glaubenssätze, Bewertungen oder Vorurteile einfallen. Wenn Sie z. B. immer wieder Geldsorgen haben, so ist es sehr wahrscheinlich, dass es in Ihrem Unbewussten dazu begrenzende Vorstellungen gibt. Dies könnten Glaubenssätze sein wie „Geld verdirbt den Charakter", „Geld wächst nicht auf den Bäumen" oder auch „Geld stinkt". Aber auch Vorurteile über reiche Menschen tragen unbewusst dazu bei, dass Sie es sich selbst nicht erlauben, reich zu sein.

Tragen Sie alles, was Ihnen zu dem betrachteten Lebensbereich einfällt, in Ihre Liste ein, auch wenn Sie in diesem Moment nicht glauben, dass es etwas ist, woran Sie ernsthaft glauben. Die Tatsache, dass es Ihnen eingefallen ist, zeigt, dass es irgendwo in Ihrem Unbewussten gespeichert ist. Da wir nicht wissen, was wir so alles verdrängt haben, ist es rational auch nicht zu beurteilen, ob dies einen prägenden Einfluss auf Sie hat oder nicht. Also schreiben Sie am besten alles auf, was Ihnen einfällt. Es kann nichts schief gehen. Im schlimmsten Fall machen Sie die Übung vielleicht einmal, ohne dass sich etwas verändert. Dies ist aber auf alle Fälle besser, als etwas wegzulassen, das dann doch einen maßgeblichen Einfluss auf Ihre unbewussten Prozesse hat.

Alte Prägungen systematisch verändern

Jetzt beginnt der systematische Prozess, durch den Sie nach und nach zu mehr innerer Freiheit und Gelassenheit kommen. Nehmen Sie sich jeden Tag einen dieser Punkte aus Ihrer Liste vor und führen Sie damit die Übung „Gefühle annehmen" durch. Machen Sie die Übung genauso wie beschrieben und erlauben Sie sich, das zum Thema gehörige Gefühl wahrzunehmen.

Wenn es sich um Glaubenssätze handelt, machen Sie die Übung mit dem Gefühl, das entsteht, wenn Sie sich diesen Glaubenssatz innerlich vorsagen. Beim Glaubenssatz „Ich bin nicht gut genug" wäre dies beispielsweise: „Ich erlaube mir nun, das Gefühl wahrzunehmen, das mit ‚Ich bin nicht gut genug' zusammenhängt". Auf die gleiche Art und Weise gehen Sie mit Bewertungen und Vorurteilen vor, mit Erinnerungen an ein Kindheitserlebnis, mit zukünftigen Situationen und allen anderen Themen auf Ihrer Liste.

Wenn Sie einen Punkt bearbeitet haben, können Sie diesen abhaken. Sollten Sie die Liste komplett „abgearbeitet" haben, so setzen Sie sich erneut hin und schreiben wieder alles auf, was Ihnen einfällt (sofern Sie die Liste nicht sowieso schon laufend ergänzt haben). Es kann auch sinnvoll sein, nach einer gewissen Zeit eine komplett neue Liste anzulegen, ohne dabei auf die alte Liste zu schauen.

Wundern Sie sich nicht, wenn darauf Themen erscheinen, mit denen Sie bereits einmal die Übung „Gefühle annehmen" durchgeführt haben. Bei sehr starken Prägungen bedarf es fast immer einer mehrmaligen Annahme der ausgelösten Gefühle, um sie dauerhaft zu verändern. Es ist aber auch nicht unwahrscheinlich, dass Sie noch andere, ähnliche Prägungen haben, die nun stattdessen reaktiviert werden und ähnliche Gefühle erzeugen.

Bleiben Sie einfach am Ball und machen Sie weiter! Mit der Zeit werden Sie erleben, dass Sie immer seltener in ein unangenehmes Gefühl rutschen. Auch beim Aufschreiben einer neuen Liste werden Sie feststellen, dass die Anzahl der Punkte abnimmt oder Sie zwar Punkte aus einer Erinnerung her aufschreiben, diese aber emotional schon gar keine Kraft mehr für Sie haben.

Stellen Sie sich nun einmal vor, Sie würden ein altes Haus kaufen, in dem über die Jahre recht wenig instand gehalten wurde. Sie hätten dann zwei Möglichkeiten: Die erste wäre, einfach zu warten, bis sich ein Defekt so gravierend zeigt, dass Sie reagieren müssen. Das hätte aber den Nachteil, dass dies häufig mit weiteren Schäden verbunden ist (z. B. wenn das verrostete Wasserrohr bricht und die Wohnung überschwemmt) und die Reparatur auch meistens teurer wird, weil Sie keine Zeit haben, mehrere Angebote von Handwerkern einzuholen. Außerdem wissen Sie nicht, wann es Sie erwischt – es kann sein, dass Ihnen dies dann gerade überhaupt nicht gelegen kommt. Die zweite Möglichkeit wäre, systematisch durch das Haus zu gehen und alle die Dinge aufzunehmen, die repariert werden sollten. Vielleicht ist es so, dass Sie nicht ausreichend Zeit und Geld haben, dies alles auf einmal durchzuführen. Aber Sie können die Reparaturen systematisch planen und sukzessive abarbeiten.

Nichts anderes empfehle ich Ihnen, mit Ihren unbewussten Prägungen zu tun. Nutzen Sie die Chance, eine Bestandsaufnahme zu machen und die Dinge nach und nach anzugehen. Nur auf diese Art und Weise wird es Ihnen gelingen, diese systematisch zu verändern. Aber ähnlich wie in dem alten Haus reicht es nicht aus, nur die Liste zu machen – die Dinge müssen tatsächlich auch sukzessive abgearbeitet werden.

Ich verspreche Ihnen: Es lohnt sich!

Genauso, wie Sie es genießen würden, in einem renovierten Haus zu wohnen, in dem Sie keine Angst haben müssen, von irgendwelchen Havarien überrascht zu werden, genauso werden Sie Ihr Leben genießen, wenn Sie nach und nach Ihre alten Prägungen aufarbeiten.

MEIN AKTIVITÄTSPLAN

Folgende Aktivitäten sollten Sie von nun an ausführen:

Einmalig:

Aktivität	Anmerkung
„Liste der hinderliche Prägungen" erstellen	Liste regelmäßig fortschreiben

Tägliche Meditationseinheit mit folgenden Elementen:

Aktivität	Dauer
Achtsamkeitsmeditation	10 min.
Akzeptanz + Dankbarkeit	10 min.

Über den Tag verteilt immer mal wieder:

Aktivität	Anmerkung
Gefühle annehmen	zwischendurch, wenn ein unangenehmes Gefühl in Ihnen hochkommt
Akzeptanz + Dankbarkeit	Immer mal wieder zwischendurch, z. B. beim Warten, in einer Pause

Eine gute Möglichkeit, die Übung „Gefühle annehmen" in Ihren Tagesablauf zu integrieren, kann es sein, dies abends vor dem Einschlafen zu tun. Neben den Aspekten auf Ihrer „Liste der hinderlichen Prägungen" können Sie auch in Gedanken Ihren Tag durchgehen und Erinnerungen an Momente nehmen, in denen Sie sich nicht hundertprozentig gut gefühlt haben.

MEINE MITMENSCHEN HELFEN MIR, MICH ZU ERKENNEN

Wie wir bereits gesehen haben, sind es die unbewussten Prägungen, die uns immer wieder unangenehme Emotionen bringen – die für unser Überleben aber überhaupt nicht mehr notwendig sind. Ein Spezialfall dieser unbewussten Prägungen sind verdrängte Persönlichkeitsanteile. Ich behandele diese separat, weil sie einen wirklich wundervollen Weg beinhalten, zu erkennen, wo ich mit mir noch nicht im Reinen bin und mir das Leben daher immer wieder unnötig schwer mache.

Das Spiegelprinzip

Schon bei den alten Chinesen war bekannt, dass alles immer zwei Seiten hat. Dort heißt dies Yin und Yang. Ein wesentliches Element der sehr erfolgreichen Traditionellen Chinesischen Medizin ist es, dass Yin und Yang ausgeglichen sein müssen. Wenn dies nicht der Fall ist, dann entstehen Krankheiten. Andere nennen es Polarität oder die zwei Seiten einer Medaille. Beispiele hierfür sind Licht und Schatten, Hitze und Kälte oder Ebbe und Flut. Immer ist es so, dass beide Elemente nur existieren können, weil das jeweilige andere Element auch vorhanden ist. Wenn wir Licht nicht kennen würden, wüssten wir überhaupt nicht, was Dunkelheit bedeutet. Und eine immer vorhandene Flut wäre eben keine Flut, sondern nur ein definierter Wasserstand.

Dieser Grundsatz trifft auch auf all unsere geistig-emotionalen Sachverhalte zu. Wir tragen also immer beide Seiten einer Eigenschaft in uns. Das können zum Beispiel die folgenden Pole sein:

- sparsam ⟷ großzügig
- ängstlich ⟷ mutig
- introvertiert ⟷ extrovertiert
- aktiv ⟷ passiv
- ordentlich ⟷ unordentlich

Nur wenn wir beide Pole auch leben, sind Yin und Yang ausgeglichen und wir sind (körperlich und emotional) gesund. So kann es sein, dass ich großzügig bin, wenn ich jemanden zum Essen einlade, dann aber wieder sparsam agiere, um Geld für eine schöne Anschaffung zu sparen. In diesem Fall wären beide Pole ausgeglichen. Problematisch wird es immer dann, wenn ich aufgrund meiner frühkindlichen Prägung einen Teil der Balance nicht akzeptiere. Wurde ich etwa als Kind häufiger für mein unordentliches Zimmer bestraft, so kann dies dazu führen, dass ich meinen unordentlichen Teil nicht akzeptiere und ihn verdränge. Im Extremfall negiere ich sogar komplett, diesen Anteil in mir zu haben. Dies kann ein übertriebenes Ausleben des Gegenpols zur Folge haben. Im aktuellen Beispiel könnte ich dann übertrieben ordentlich sein, vielleicht sogar pedantisch.

Daraus, dass wir aber immer beide Pole in uns tragen, entstehen nun die Probleme. Denn der verdrängte Persönlichkeitsanteil ist zwar bewusst für uns nicht mehr zugänglich, aber er ist natürlich immer noch da – tief vergraben in unserem Unterbewusstsein.

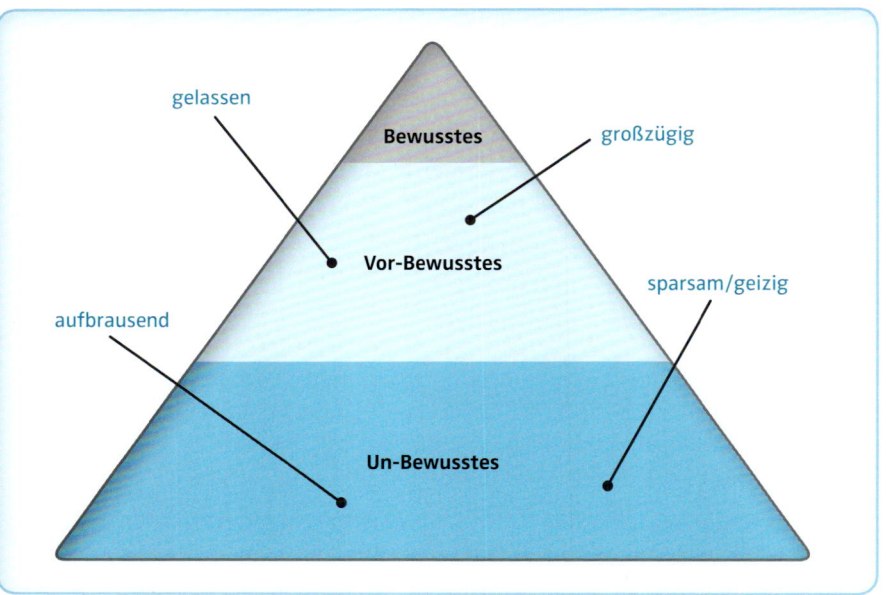

gelassen

Bewusstes

großzügig

Vor-Bewusstes

sparsam/geizig

aufbrausend

Un-Bewusstes

Verdrängte Persönlichkeitsanteile

Wie wir bereits gesehen haben, hat unser Gehirn dies gemacht, weil wir als Kind erlebt haben, dass eine Eigenschaft nicht erwünscht ist und wir Gefahr laufen könnten, die Liebe unserer Eltern zu verlieren, wenn wir sie ausleben würden. Wie immer sind, zusammen mit dem verdrängten Persönlichkeitsanteil, natürlich auch die als Kind empfundenen starken Emotionen abgespeichert.

Wenn wir nun aber im Außen genau mit diesem Thema konfrontiert werden, dann geht dieser verdrängte Persönlichkeitsanteil in

Resonanz damit. Unser Emotionalgehirn erkennt, dass der äußere Reiz inhaltlich zu dieser Erinnerung passt und aktiviert die entsprechenden Synapsen. Da das Thema aber tief in unserem Unterbewusstsein gespeichert ist, wird es nicht dazu führen, dass wir uns an die Situation in unserer Kindheit erinnern, in der wir die Entscheidung getroffen haben, diesen Anteil zu verdrängen. Aber die entsprechenden Gefühle werden angeregt und finden den Weg in unser Bewusstsein. Plötzlich spüren wir eine starke Emotion, ohne zu wissen, wo sie gerade herkommt.

Beim Beispiel der verdrängten „Unordentlichkeit" könnte dies passieren, wenn wir beispielsweise dem unordentlichen Verhalten unseres Partners ausgesetzt sind. Wir spüren plötzlich eine starke Wut oder Trauer über das Verhalten unseres Gegenübers, die aber im Allgemeinen der Situation wenig angemessen ist. Eigentlich ist es aber das Gefühl unseres verdrängten Persönlichkeitsanteils, der uns so darauf aufmerksam machen will, dass wir ihn gerade mal wieder ignorieren.

Und damit kennen wir auch schon die Grundlagen des Spiegelprinzips: Wenn das Verhalten meines Gegenübers bei mir ein schlechtes Gefühl auslöst, dann hat dieses Verhalten einen unterdrückten Persönlichkeitsanteil in mir zum Schwingen gebracht. Dieser Anteil erzeugt das schlechte Gefühl, weil er keine andere Möglichkeit hat, auf sich – und seine Nicht-Beachtung – aufmerksam zu machen:

Spiegelprinzip

Immer, wenn ich mich aufgrund eines Verhaltens oder einer Äußerung meines Gegenübers schlecht fühle, dann spiegelt mir dies, dass ich in diesem Bereich einen unterdrückten Persönlichkeitsanteil habe, den ich nicht akzeptiere.

Die gute – zugegebenermaßen manchmal unbequeme – Nachricht ist, dass das Spiegelprinzip immer, also in hundert Prozent der Fälle, zutrifft, wenn das Verhalten eines anderen Menschen ein schlechtes Gefühl in mir auslöst. Es gibt also keine Ausrede wie: „In diesem Fall ist aber wohl doch mein Gegenüber für mein Gefühl verantwortlich." Nein: Ich bin immer selbst verantwortlich für meine Gefühle, und ein unangenehmes Gefühl, das durch das Verhalten meines Gegenübers ausgelöst wird, ist immer ein Hinweis auf einen Teil von mir, den ich nicht vollständig akzeptiere.

Dadurch, dass ich einen Persönlichkeitsanteil in mir unterdrücke, bin ich im Ungleichgewicht. Damit bietet mir jede derartige Situation aber auch die Chance, mich besser kennenzulernen („Interessant, diesen Anteil habe ich wohl innerlich verdrängt"). Gleichzeitig gibt sie mir ebenfalls die Gelegenheit, diesen verdrängten Anteil sukzessive aus der Verdrängung zu holen. Wenn ich das tue, ermögliche ich es mir selbst, bewusst zu entscheiden, wann ich welchen Anteil leben möchte. Der Weg dahin führt über die Akzeptanz, dass auch ich diesen Persönlichkeitsanteil in mir habe. Wobei Akzeptanz hier nicht bedeutet, dass ich diesen auch extensiv ausleben muss.

Solange ich dies noch nicht getan habe, werde ich unbewusst immer mit meinem alten Muster reagieren und den verdrängten Anteil nicht ausleben können. Vor allem aber werde ich mir wieder und wieder ein schlechtes Gefühl bereiten, wenn ich im Außen mit diesem Anteil konfrontiert werde.

Jetzt werden Sie vielleicht sagen, dass Sie den einen oder anderen Anteil aber gar nicht haben wollen und es Ihnen daher unsinnig scheint, solche Anteile zu akzeptieren. Sie sehen sich vielleicht als großzügigen Menschen und wollen auf keinen Fall geizig sein. Wie wir vorher gesehen haben, haben Sie dem Prinzip der Polarität folgend aber sowieso schon immer beide gegensätzliche Anteile in sich. Wenn wir gewisse Anteile verdrängt haben, belegen wir diese meistens mit für uns negativ besetzten Worten. So sprechen wir von einem geizigen Teil, den wir nicht mögen, anstatt uns darüber zu freuen, auch eine sparsame Ader zu haben.

Kein Persönlichkeitsanteil ist aber per se gut oder schlecht. Es gibt Situationen, in denen es hilfreich sein kann, etwas vorsichtiger zu agieren, während andere Sachverhalte ein mutiges Vorgehen verlangen. Die gleichen Persönlichkeitsanteile können aber auch in Überängstlichkeit oder ein kurzsichtiges Draufgängertum münden – beides würde uns schaden.

Akzeptieren Sie also, dass Sie immer alle Persönlichkeitsanteile in sich haben! Sehen Sie aber auch, dass die Akzeptanz eines Persönlichkeitsanteils nicht bedeutet, ihn in einer für Sie oder Ihr Umfeld ungesunden Art und Weise auszuleben. Stattdessen geht es darum, auf eine erwachsene Art und Weise zu entscheiden, wann Sie welcher Seite das Steuer überlassen.

Bevor ich Ihnen erläutere, wie Sie dies zu Ihrer persönlichen Weiterentwicklung nutzen können, erlauben Sie mir noch einen Hinweis zu den Menschen, die Ihnen Ihre verdrängten Persönlichkeitsanteile spiegeln. Unbewusst suchen wir uns oft genau diejenigen aus, die jene Persönlichkeitsanteile leben, die wir selbst verdrängt haben.

Wie Sie wissen, registriert unser Unterbewusstsein ja sehr viel mehr als das, was uns bewusst wird. So spüren wir im Allgemeinen – unbewusst – schon relativ schnell, wenn jemand genau die Eigenschaft auslebt, die wir in uns selbst unterdrückt haben. Das Paradoxe ist, dass wir oft genau diese Menschen in unser Leben ziehen. Das liegt daran, dass unser Unterbewusstsein erkennt, dass diese Person uns die Gelegenheit bietet, genau mit diesen verdrängten Anteilen in Kontakt zu kommen und sie damit aus der Verdrängung zu holen. So kann es sein, dass ich mich in einen Menschen verliebe, bei dem ich mich dann aber nach einiger Zeit genau über die Punkte aufrege, in denen er meine verdrängten Anteile spiegelt. Oder ich suche mir unbewusst einen Chef aus, der genau die Eigenschaften lebt, die ich nicht mag.

Wenn ich nun aber diesen Menschen nicht die Schuld daran gebe, dass „sie mich wütend machen", sondern erkenne, dass sie mir nur meine verdrängten Persönlichkeitsanteile spiegeln, dann kann ich ihnen sogar dankbar sein. Dankbar dafür, dass sie mir die Gelegenheit bieten, mit mir selbst ins Reine zu kommen. Falls Sie dies auch wirklich tun, gibt es zwei Möglichkeiten:

1. Entweder dieser Mensch verschwindet aus Ihrem Leben und Sie werden zukünftig auch niemanden mit diesen Eigenschaften mehr in Ihr Leben ziehen.

2. Oder aber das Zusammenleben mit dem Betreffenden wird von nun an deutlich angenehmer, weil das vorher negativ belegte Verhalten bei Ihnen jetzt keine unangenehme Emotion mehr auslöst und Ihnen wahrscheinlich auch gar nicht mehr auffällt.

Oft ist es sogar so, dass Ihr Gegenüber sein Verhalten ändern wird. Wenn er unbewusst spürt, dass bei Ihnen keine Resonanz mehr für sein Verhalten vorhanden ist, wird er dieses ganz automatisch sein lassen.

ÜBUNG 5 „SPIEGELPRINZIP" (!)

Wie können Sie dieses Wissen aber nun umsetzen, um mehr und mehr all Ihre Persönlichkeitsanteile zu akzeptieren und den Automatismus zu unterbrechen, sich ein schlechtes Gefühl aufgrund des Verhaltens anderer zu machen? Führen Sie einfach die nachfolgende Übung jedes Mal durch, wenn das Verhalten eines anderen Menschen in Ihnen ein schlechtes Gefühl auslöst:

1. Fragen Sie sich: „Welche Eigenschaft meines Gegenübers führt bei mir zu einem schlechten Gefühl?"
   Antwort: „Die Person ist xxx."

2. Schließen Sie Ihre Augen und konzentrieren Sie sich auf Ihren Solarplexus.

3. Sagen Sie sich innerlich: „Ich erkenne an, dass auch ich xxx bin."

4. Beobachten Sie 1 bis 2 Atemzüge lang, was in Ihnen vorgeht. Lassen Sie dabei alle Gefühle, die hochkommen, da sein.

5. Wiederholen Sie Punkt 2 bis 4 für ca. 10 Minuten.

Solange Sie sich mit dem Gedanken „Ich erkenne an, dass auch ich xxx bin" noch nicht angefreundet haben, wiederholen Sie die Übung jeden Tag.

▶

HINWEISE

- Diese Übung machen Sie besser nicht direkt in der jeweiligen Situation. Nehmen Sie sich dafür bewusst Zeit und setzen Sie sich zum Beispiel am Abend hin, um die Übung in Ruhe durchzuführen.
- Bei Schritt 1 ist es wichtig, genau die Formulierung zu finden, die die Eigenschaft für Sie repräsentiert, die bei Ihnen für das schlechte Gefühl sorgt (z. B. „geizig", „unbeherrscht"). Am besten ist es, wenn Sie hierfür ein passendes Adjektiv finden. Dieser Schritt ist entscheidend für den Erfolg der Übung. Nehmen Sie sich also ausreichend Zeit, die passende Formulierung zu finden. Oft erkennen Sie diese daran, dass die Vorstellung, Sie selbst hätten diese Eigenschaft, ein Gefühl des Widerwillens in Ihnen auslöst. – Es geht ja um einen bei Ihnen verdrängten Persönlichkeitsanteil.
- Wenn bei Schritt 4 ein unangenehmes Gefühl hochkommt, z. B. ein Widerwillen dagegen, diese Eigenschaft zu akzeptieren, sollten Sie dieses Gefühl mit den Schritten der Übung „Gefühle annehmen" bearbeiten, bevor Sie mit dieser Übung fortfahren.
- Machen Sie diese Übung so oft, bis Sie irgendwann den Punkt erreichen, an dem Sie sich sagen können „Ich erkenne an, dass auch ich xxx bin" und dabei ein gutes Gefühl empfinden, so in der Art „Ich erkenne an, dass auch ich xxx bin – und das ist in Ordnung!". Dabei reicht es keinesfalls aus, dies intellektuell zu verstehen. Es ist wichtig, dass Sie wirklich spüren können, dass es in Ordnung ist, diese Eigenschaft zu haben.
- So lange Ihnen dies noch nicht möglich ist, sträuben Sie sich innerlich nach wie vor dagegen, diese Eigenschaft in sich zu akzeptieren. Entsprechend werden Sie diese wiederholt im Außen gespiegelt bekommen. Nutzen Sie dann die Übung „Gefühle annehmen", um Ihre damit verbundenen inneren Widerstände aufzulösen.

Zum Abschluss dieses Kapitels möchte ich mit Ihnen noch eine ganz persönliche Erfahrung mit dem Spiegelprinzip teilen, die mein Leben grundlegend verändert hat:

Auszug aus meinem Tagebuch:

„Das Spiegelprinzip kannte ich schon lange. Ich hatte mehrfach darüber gelesen und war auch von dessen Richtigkeit überzeugt. Trotzdem hat es viele Jahre gedauert, bis ich verstand, dass es die Lösung für mein „Frauenproblem" war.

Von meiner Jugend an bin ich immer wieder an Frauen geraten, die ein sehr stark ausgeprägtes Bedürfnis hatten, geliebt zu werden. Das ist zunächst nichts ungewöhnliches, da wir alle ein Stück weit genau mit diesem Bedürfnis in unsere Partnerbeziehungen gehen. Bei mir war es aber so, dass mich dieses starke Bedürfnis meiner Freundin nach Nähe immer sehr schnell genervt hat. Dies führte dazu, dass ich mich bald zurückzog.

Damit erreichte ich natürlich genau das Gegenteil von dem, was ich mir wünschte: Da das starke Bedürfnis nach Liebe anscheinend nicht gestillt wurde, entwickelte die Frau ein noch größeres Bedürfnis nach Nähe und klammerte mehr als zuvor. Dieses wiederum veranlasste mich dazu, mehr auf Abstand zu gehen, was das Klammern nur noch verstärkte. Irgendwann hatte ich dann das Gefühl, in der Beziehung völlig zu ersticken. An diesem Punkt habe ich sie im Allgemeinen beendet. Natürlich gab ich die Schuld daran allein der Frau. Wenn sie nicht so klammern und mich einengen würde, dann hätte ich die Beziehung nicht beenden müssen ...

Dieses Muster habe ich in mehreren Beziehungen gelebt, die deswegen aber leider nie sehr lange gedauert haben.

Eines Tages hat es dann aber Klick gemacht und mir ist klar geworden, dass die Ursache für das Scheitern der Beziehungen nicht bei den Frauen lag, sondern bei mir: Ein Teil in mir wünscht sich nichts mehr, als einfach geliebt zu werden. Da ich aus verschiedenen Gründen dieses Gefühl als kleines Kind aber nicht ausdrücken durfte, habe ich diesen Teil von mir irgendwann verdrängt und fortan so getan, als wäre ich der coole Mann, der eigentlich gar keine Zuneigung braucht.

Aber genau dieser Teil meldete sich nun immer unterbewusst zu Wort. Sobald ich eine Freundin hatte, die mir gegenüber ein starkes Bedürfnis nach Liebe ausdrückte, wurde ich an diesen Teil erinnert. Da ich ihn aber unbewusst verdrängt hatte, spürte ich nur ein sehr schmerzhaftes Gefühl. Nur habe ich dies zu diesem Zeitpunkt nicht erkannt, sondern die Frauen und deren Verhalten für meine schlechten Gefühle verantwortlich gemacht.
Als ich dies nun erkannte, wurde mir mit einem Mal klar, dass ich derjenige bin, der ein großes Verlangen danach hat, geliebt zu werden. Und indem ich mir dies eingestand, habe ich den verdrängten Teil ins Bewusstsein geholt und konnte ihn damit wieder in meine Persönlichkeit integrieren. Heute gehört das Wissen darüber, dass ich ein großes Bedürfnis habe geliebt zu werden, zu meinem bewussten Selbstverständnis. Nachdem ich dies auch in meinem tiefsten Inneren akzeptiert hatte, verschwand der Ärger über Frauen, die zu liebesbedürftig sind oder zu sehr klammern.
Und wie durch Magie ausgelöst, wurde ich von da an nie wieder von einer Frau angezogen, die ein übermäßig ausgeprägtes Bedürfnis nach Liebe hat."

MEIN WOHLBEFINDEN STEIGERN

In diesem Kapitel möchte ich Ihnen eine Technik vorstellen, die Ihre Gesundheit und insgesamt Ihr Wohlbefinden verbessern kann und die sich wunderbar mit den bisherigen Übungen kombinieren lässt. Allerdings muss ich Sie vorwarnen: Alles bisher Dargestellte beruht auf Prozessen in unserem Gehirn, die mit den Prinzipien der westlich geprägten Wissenschaft nachvollziehbar sind. Das nun Folgende geht ein wenig darüber hinaus und basiert auf altem Erfahrungswissen, wie es seit Jahrtausenden in Asien angewendet wird.

Da ich persönlich diese Technik aber als sehr wirksam erfahren habe, möchte ich Sie Ihnen nicht vorenthalten. Und auch wenn sie auf einer anderen Wissensbasis beruht, werde ich trotzdem versuchen, Ihnen nachvollziehbar darzustellen, warum diese Technik funktioniert. Dazu müssen wir erst einmal etwas über die Energiebahnen und Energiezentren in unseren Körper sowie über einen speziellen Muskel wissen.

Das Weltbild der Lebensenergie

Die alten asiatischen Gesundheitstraditionen, wie beispielsweise Ayurveda, Traditionelle Chinesische Medizin oder auch Yoga und Tai Chi, kennen alle das Bild von Lebensenergie, die durch unseren Körper fließt. Je nach Tradition heißt diese Energie Prana, Chi oder auch Qi. Nach Ansicht der Traditionellen Chinesischen Medizin gibt es hierfür Energiebahnen, sogenannte Meridiane, in denen diese Lebensenergie strömt. Gesundheit ist hiernach verbunden mit einem freien und ausreichenden Fluss der Lebensenergie in den Meridianen. Wenn diese blockiert sind und zu wenig Lebensenergie fließt, kann dies zu Krankheit führen.

Auch wenn man diese Energiebahnen mit den Methoden der modernen Wissenschaft noch nicht nachweisen konnte, so gibt es doch inzwischen zahlreiche anerkannte Studien, die beispielsweise die Wirkung von Akupunktur bestätigen. Und diese basiert darauf, dass durch das Einstechen von Nadeln in die blockierten Meridiane der Energiefluss wieder harmonisiert wird. Inzwischen wird die Akupunkturbehandlung bei bestimmten Diagnosen (z. B. bei chronischen Schmerzen der Lendenwirbelsäule) auch schon von den Krankenkassen erstattet.

In der indischen Traditionen verankert ist das Modell zentraler Energiezentren, sogenannter Chakren, die mit den Meridianen in Verbindung stehen. Nach allgemein üblicher Sichtweise gibt es sieben sogenannte Hauptchakren. Das sind die Hauptenergiezentren des Menschen, die entlang der Wirbelsäule beziehungsweise in der senkrechten Mittelachse des Körpers lokalisiert sind. Sie sind durch den mittleren Energiekanal verbunden, der längs der Wirbelsäule verläuft:

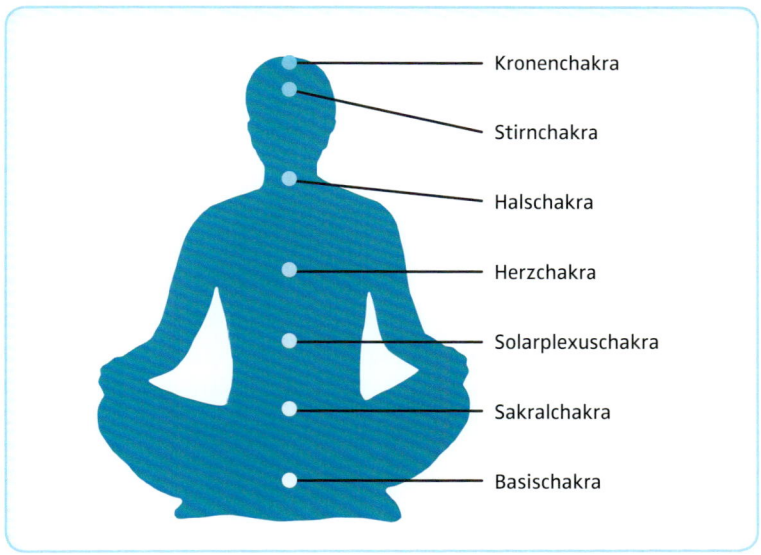

Die sieben Hauptchakren

Diese Chakren steuern den Energiefluss im gesamten Körper und haben somit einen unmittelbaren Einfluss auf unsere Gesundheit. Wenn ein Chakra blockiert ist (d. h. die Energie kann nicht frei hindurchfließen), führt dies zu einem Ungleichgewicht in dem betroffenen Bereich und kann die Ursache für Krankheiten sein, und zwar sowohl physischer als auch psychischer Art. Die Lage der Hauptchakren ist wie folgt:

Basischakra:	zwischen Anus und Genitalien
Sakralchakra:	Handbreit unter Bauchnabel
Solarplexuschakra:	auf dem Solarplexus
Herzchakra:	in der Mitte der Brust
Halschakra:	auf Höhe des Kehlkopfs
Stirnchakra:	in der Stirnmitte, zwischen den Augenbrauen
Kronenchakra:	auf der Scheitelmitte

Für die später beschriebene Durchführung der Energetisierungs-atmung ist es nicht wichtig, die genauen Funktionen der einzelnen Chakren zu kennen.

PC-Muskeltraining

Der Musculus pubococcygeus, kurz auch PC-Muskel, ist einer der Muskeln, die die männlichen und weiblichen Geschlechtsorgane im Bereich des Beckenbodens umgeben. Er hat eine Nervenverbin-dung zum Beckennerv, von dem wiederum eine Abzweigung bei der Frau die Gebärmutter und die Blase und beim Mann die Blase und die Prostata mit dem unteren Teil der Wirbelsäule verbindet. Das Anspannen des PC-Muskels stimuliert beim Mann die Prostata und bei der Frau die Gebärmutter. Auf diese Weise werden Hormone und Endorphine freigesetzt, die Wohlbefinden auslösen.

In der Sichtweise der östlichen Medizin steht der PC-Muskel für die sexuelle Energie in uns. Schon seit Jahrtausenden ist z. B. beim Kundalini Yoga oder beim Tantra bekannt, dass die sexuelle Ener-gie die stärkste Energie ist, die uns antreibt. Ist der PC-Muskel stark, so steht uns diese Energie zur Verfügung.

Wird der PC-Muskel jedoch nicht oft in Anspruch genommen, wird er – wie alle Muskeln – ständig schwächer. Man kann eine Schwä-chung des PC-Muskels an schlechter Körperhaltung erkennen, z. B. bei ständig vorgeschobenem Becken oder bei vorwiegend sitzender Tätigkeit. Beides schneidet ihn von einer guten Durchblutung und Energieversorgung ab. Auch nach einer Geburt haben viele Frauen Schwierigkeiten mit einem schwachen PC-Muskel, und so kann es dann nicht nur zu sexuellen Problemen kommen, sondern auch zu Depression und ständiger Müdigkeit.

Wenn Sie Ihren PC-Muskel regelmäßig trainieren, erhöhen Sie insgesamt das Energieniveau in Ihrem Körper und sind damit nicht nur leistungsfähiger, sondern fühlen sich auch besser und beugen darüber hinaus Krankheiten vor bzw. haben mehr Energie, die Heilung bei bestehenden Krankheiten zu unterstützen. Die Wichtigkeit des auch als Beckenbodentraining bekannten Trainierens des PC-Muskels wurde inzwischen von den Sportwissenschaftlern erkannt. So ist es nicht nur Bestandteil vieler Sportarten, wie beispielsweise Pilates und Yoga. In gesundheitsorientierten Fitness-Studios gibt es auch schon passende Trainingsmaschinen dafür.

Wie steuere ich den PC-Muskel?

Die Position des PC-Muskels kann leicht erkannt werden, denn es handelt sich dabei um jenen Muskel, mit dem das Urinieren unterbrochen werden kann. Wenn Sie das nächste Mal zur Toilette gehen, stoppen Sie das Wasserlassen ein oder mehrere Male bevor Sie die Blase entleert haben. Tun Sie dies, so spannen Sie genau den PC-Muskel an. Wiederholen Sie dies so oft, bis Sie ein gutes Gespür dafür entwickeln, wie Sie diesen Muskel willentlich anspannen.

Nun sollten Sie langsam beginnen, den Muskel daran zu gewöhnen, gebraucht zu werden. Dazu spannen Sie am besten den PC-Muskel für zwei bis drei Sekunden an und entspannen ihn dann wieder. Wiederholen Sie dies einige Tage lang etwa 20 Mal pro Tag. Da der Muskel bei den meisten Menschen nicht trainiert ist, schafft man es am Anfang kaum, den Muskel länger anzuspannen. Das Besondere ist, dass er sich nach einigen Sekunden der Anspannung von selbst entspannt, ohne dass Sie dies bemerken. Daher sollten Sie den Muskel immer nur so lange anspannen, dass Sie beim Loslassen auch bewusst spüren, wie sich der Muskel entspannt. Spüren Sie dies nicht, haben Sie den Muskel zu lange anspannen wollen und er hat sich schon automatisch entspannt. Wenn Sie ein sicheres Gefühl für die Steuerung Ihres PC-Muskels entwickelt haben, können wir zur Technik der Energetisierungsatmung kommen.

Energetisierungsatmung

Bei der Energetisierungsatmung trainieren wir nicht nur unseren PC-Muskel. Gleichzeitig lenken wir den durch die Anspannung des Muskels erzeugten Energiestrom auch bewusst entlang des mittleren Energiekanals, der unsere sieben Hauptchakren verbindet. Wenn wir dies regelmäßig tun, so wirkt dies wie ein „Putzen" dieses Energiekanals. Ganz ohne Akupunktur beseitigen wir damit Blockaden innerhalb dieses Kanals, die zu Unwohlsein oder Krankheit führen können. Da wir diesen Energiestrom entlang der sieben Hauptchakren leiten, profitieren auch diese unmittelbar davon. Ähnlich wie ein leerer Akku so lange Strom aus einer angeschlossenen Leitung zapfen wird, bis er wieder geladen ist, werden die Chakren, die gegebenenfalls keine ausreichende Energie haben (d. h. die blockiert sind), sich die notwendige Energie aus dem von uns produzierten Energiestrom im mittleren Energiekanal ziehen, bis sie wieder ausgeglichen sind. Durch ungesunde Ernährung, Stress, Umwelteinflüsse und Ähnliches ziehen wir nämlich häufig mehr Energie aus den Chakren, als diese zur Verfügung haben. Genauso wie Sie Ihr Smartphone regelmäßig laden, sollten Sie daher auch täglich die folgende Übung machen, um Ihre Chakren wieder mit Energie zu versorgen. Sie werden es Ihnen mit mehr Gesundheit und Wohlbefinden danken.

ÜBUNG 6 „ENERGETISIERUNGSATMUNG"

Sie können diese Übung im Stehen, im Sitzen oder auch im Liegen machen.

1. Atmen Sie aus.
2. Spannen Sie Ihren PC-Muskel an.
3. Atmen Sie langsam ein. Stellen Sie sich dabei vor, dass der Atem von Ihrem PC-Muskel entlang des mittleren Energiekanals (d. h. entlang Ihrer Wirbelsäule) bis in den Kopf (d. h. bis zum Scheitelchakra) fließt.
4. Entspannen Sie den PC-Muskel.
5. Atmen Sie langsam wieder aus und entspannen Sie dabei den ganzen Körper.

HINWEISE

- Je häufiger Sie diese Übung machen, desto besser. Versuchen Sie jedoch, diese Atmung mindestens 21 Mal pro Tag durchzuführen. Im nachfolgenden Kapitel zeige ich Ihnen, wie Sie dies gut mit den anderen Meditationsübungen kombinieren können.
- Um die Entspannung bei Punkt 5 zu unterstützen, können Sie sich vorstellen, dass Ihr Atem beim Ausatmen vom Scheitelchakra entlang der Wirbelsäule und der Beine fließt, bis er aus den Fußsohlen austritt.
- Auch diese Übung eignet sich gut, um sie ab und zu zwischendurch zu machen. Machen Sie es sich zur Gewohnheit, die Energetisierungsatmung in Ihren Alltag einzubauen. Wenn Sie sie regelmäßig im Rahmen Ihrer Meditationsübungen durchführen, reicht untertags oft schon ein einmaliges Atmen, um einen positiven Effekt zu erzielen.

ES GIBT NICHTS GUTES, AUSSER MAN TUT ES!

In den vorangegangenen Kapiteln habe ich Ihnen verschiedene Methoden beschrieben, die Ihnen dabei helfen, Ihre unbewussten Muster nach und nach zu verändern, wie Sie es für ein zufriedeneres und selbstbestimmtes Leben benötigen. Aus eigener Erfahrung weiß ich, dass sich der Aufwand lohnt.

Bleiben Sie dran!

Ich kann Ihnen nur aus ganzem Herzen empfehlen, die dargestellten Übungen regelmäßig durchzuführen. Am einfachsten geht dies, wenn Sie täglich üben. Denn dann bilden sich die entsprechenden Synapsen in Ihrem Gehirn aus und das Ganze wird zur Gewohnheit. Genauso, wie Sie täglich Ihre Zähne putzen, sollten diese Übungen zur Selbstverständlichkeit werden.

Um nicht Gefahr zu laufen, „von der Aufgabe überwältigt zu werden", rate ich Ihnen, klein anzufangen. Wenn Sie sich daran gewöhnt haben, jeden Tag 10 Minuten zu meditieren, können Sie dies nach einiger Zeit relativ leicht steigern auf 15 oder auch 20 Minuten. Viel wichtiger als die Dauer ist die tägliche Regelmäßigkeit. Denn nur dadurch schaffen Sie es, eine neue Gewohnheit zu etablieren. Und nur wenn die Übungen zur Gewohnheit werden, wird es Ihnen gelingen, diese langfristig durchzuführen:

Regelmäßigkeit geht vor Dauer!

Im Folgenden stelle ich Ihnen nun den kompletten Aktivitätsplan vor, den Sie langfristig anpeilen sollten. Weiter unten haben Sie dann die Gelegenheit, Ihren ersten eigenen Aktivitätsplan zu erstellen.

DER KOMPLETTE AKTIVITÄTSPLAN

1. Tägliche Meditationseinheit mit folgenden Elementen:

Aktivität	Dauer
Energetisierungsatmung	7 Atemzyklen
Achtsamkeitsmeditation	10 min
Energetisierungsatmung	7 Atemzyklen
Akzeptanz + Dankbarkeit	10 min
Energetisierungsatmung	7 Atemzyklen

2. Über den Tag verteilt immer mal wieder:

Aktivität	Anmerkung
Gefühle annehmen	zwischendurch, wenn ein unangenehmes Gefühl in Ihnen hochkommt
Akzeptanz + Dankbarkeit	immer mal wieder zwischendurch, z. B. beim Warten, in einer Pause o. ä.
Energetisierungsatmung	jederzeit, wenn Sie daran denken, zwischendurch 1 bis 2 Atemzüge

3. Am Abend, um die Gefühle des Tages zu verarbeiten:

Aktivität	Anmerkung
Gefühle annehmen	Suchen Sie sich eine Situation des Tages, bei der Sie sich nicht hundertprozentig wohlgefühlt haben und bearbeiten Sie diese. Wenn Sie an einem Tag keine Situation finden, nehmen Sie Erinnerungen an frühere Erlebnisse (z. B. auch als Kind) oder einen Punkt von Ihrer „Liste der hinderlichen Prägungen". Alternativ: Machen Sie die Spiegelprinzip-Übung, wenn das Verhalten eines anderen Menschen bei Ihnen schlechte Gefühle verursacht hat.

Unterschätzen Sie nicht die Wirkung dieser letzten Aktivität „Gefühle annehmen". Denn genau diese Übung erlaubt Ihnen, sukzessive Ihre alten Prägungen aufzuarbeiten, die dazu führen, dass Sie sich immer wieder schlechte Gefühle bereiten. ▶

MEIN PERSÖNLICHER AKTIVITÄTSPLAN

Entwickeln Sie nun Ihren eigenen Aktivitätsplan. Wie bereits erwähnt, ist es wichtig, sich hier nicht zu übernehmen und eher langsam – aber stetig! – zu starten. Nach einiger Zeit (s. u.) können Sie sich diesen Plan wieder vornehmen und ihn nach Bedarf anpassen oder erweitern. Wichtig: Machen Sie diesen Plan schriftlich. Erst dadurch fühlen Sie sich selbst gegenüber ausreichend verpflichtet, ihn auch umzusetzen:

1. Tägliche Meditationseinheit bestehend aus:

Zeitpunkt:	
Aktivität	**Dauer**

Um das Meditieren wirklich zur Gewohnheit werden zu lassen, sollten Sie sich einen festen Zeitpunkt suchen, an dem Sie dies jeden Tag tun (z. B. direkt nach dem Aufstehen, nach dem Frühstück). Notieren Sie diesen Zeitpunkt in der ersten Zeile der obigen Tabelle.

2. Über den Tag verteilt immer mal wieder:

Aktivität	Anmerkung

Unter Anmerkung können Sie eintragen, was Sie tun, um sich an die jeweilige Aktivität zu erinnern. Dies können z. B. Zettel sein, Verknüpfungen mit Handlungen (z. B. jedes Mal bevor ich mir eine Zigarette anzünde, führe ich drei Zyklen der Energetisierungsatmung durch) oder auch ein Alarm in Ihrem Handy.

▶

3. Abends vor dem Schlafengehen:

Aktivität	Anmerkung

4. Überarbeitung des Aktivitätsplans:

Geben Sie Ihrem Gehirn die Möglichkeit, sich an die neuen Denkprozesse zu gewöhnen und diese zu automatisieren. Daher sollten Sie Ihren einmal gewählten Aktivitätsplan für vier Wochen am Stück unverändert umsetzen, bevor Sie diesen gegebenenfalls überarbeiten oder erweitern:

Nächste Überarbeitung meines Aktivitätsplans:	

Anmerkung: Ein Template für Ihren persönlichen Aktivitätsplan können Sie auf der Webseite www.feel-yourself-free.de downloaden.

ERGÄNZENDE HINWEISE

Es kommt eine spannende Zeit auf Sie zu. Damit Ihre Bemühungen auch wirklich fruchten, habe ich noch ein paar nützliche Hinweise und bewährte Tipps für Sie.

Beginn innerhalb 72 Stunden

• Es gibt eine Regel, die unter allen Trainern sehr bekannt ist. Diese Regel besagt, dass ein Trainingsteilnehmer innerhalb von 72 Stunden nach dem Training mit der Umsetzung des Gelernten beginnen sollte. Wartet man länger als diese drei Tage, wird man sehr wahrscheinlich nie damit beginnen. Die Motivation zur Umsetzung, die man vielleicht im Training noch gespürt hat, verblasst und der Alltag (mit all unseren Gewohnheiten!) gewinnt Oberhand. Daher ist es wichtig, möglichst schnell in die Umsetzung zu gehen. Für Sie heißt das, am besten gleich heute oder spätestens morgen mit der regelmäßigen Umsetzung Ihres Aktivitätsplans zu beginnen.

• Falls Sie bis hierher weitergelesen haben, ohne vorher Ihren eigenen Plan erstellt zu haben, dann sollten Sie die Lektüre jetzt unterbrechen und Ihren Aktivitätsplan für die nächsten vier Wochen schriftlich fixieren, um sofort morgen damit zu beginnen!

• Wie ich Ihnen erläutert habe, verändern wir unsere Denkprozesse nur durch Übung. So, wie Sie keine Sprache lernen, wenn Sie ein Wörterbuch einmal von vorne nach hinten durchlesen, so werden Sie Ihre alten Gewohnheiten nicht ändern, wenn Sie nur dieses Buch lesen, ohne die neuen Gewohnheiten regelmäßig einzuüben!

Seien Sie gnädig mit sich selbst

Wie bereits beschrieben, hat sich unser Gehirn über viele Jahre hin geformt. Besonders die Synapsen von hinderlichen Reaktionsmustern wurden oft zigfach beansprucht und haben sich dadurch sehr stark ausgeprägt.

Daher bedarf es einiger Zeit, um die neuen Muster zu trainieren. Erwarten Sie nicht, dass eine solche Umstellung von heute auf morgen funktioniert. Lassen Sie sich Zeit und seien Sie vor allem gnädig mit sich, wenn es nicht so schnell klappt, wie Sie es gerne hätten. Geben Sie Ihrem Gehirn die notwendige Zeit (und die notwendigen Wiederholungen), neues Verhalten zu lernen und zu verankern. Mit jedem Mal, bei dem Sie Ihre neuen Denkmuster einüben, bilden sich die Neuronenverbindungen für das gewünschte Verhalten stärker aus. Selbst wenn dies länger dauern sollte – irgendwann sind die neuen Synapsen stärker als die alten und übernehmen ab dann die unbewusste Steuerung Ihres Verhaltens.

Besser weniger als gar nichts

Weiter oben habe ich diesen Punkt bereits angesprochen, aber aufgrund der Wichtigkeit möchte ich es noch einmal wiederholen: Entscheidend ist die Regelmäßigkeit und nicht die Dauer! Wenn Sie sich am Anfang auch nur eine Übung vornehmen, um diese täglich durchzuführen, sind Sie bereits auf einem guten Weg. Vielleicht legen Sie sich dieses Buch auf Wiedervorlage in einigen Monaten und lesen es dann noch einmal durch. – Wichtig: Legen Sie den Zeitpunkt jetzt fest und tragen Sie ihn in Ihren Plan ein. Sie werden erstaunt sein, welche anderen Informationen dabei Ihre Aufmerksamkeit erregen. Danach können Sie entscheiden, ob und wie Sie Ihren Aktivitätsplan anpassen oder erweitern.

Meditationskurs

Gerade wenn es Ihnen schwerfällt, sich täglich zu einer Meditation hinzusetzen, kann es sinnvoll sein, einen entsprechenden Kurs zu besuchen. In einer Gruppe Gleichgesinnter fällt es einem oft leichter, die notwendige Motivation aufzubringen. Besonders empfehlen kann ich die Kurse in MBSR (Mindfulness-Based Stress Reduction) nach dem US-amerikanischen Arzt John Kabat-Zinn. Es handelt sich um speziell entwickelte Acht-Wochen-Kurse, die inzwischen auch in Europa von vielen Trainern angeboten werden.
Aber es gibt auch viele andere Kurse, von denen sicherlich auch einer in Ihrer Nähe angeboten wird. Suchen Sie einfach im Internet nach „Achtsamkeitsmeditation" und Sie werden fündig werden.

Gemeinsam Üben

Sehr hilfreich kann es sein, zumindest die Meditationsübungen aus diesem Buch gemeinsam zu machen. Gerade wenn Sie mit einem Partner oder einer Partnerin zusammenleben, können Sie sich gegenseitig gut motivieren. Auch wenn Ihr Partner oder Ihre Partnerin dieses Buch nicht gelesen hat, können Sie ihn/sie vielleicht dazu überreden, jeden Tag gemeinsam zehn Minuten zu meditieren. Wenn dann einmal Ihr innerer Schweinehund wieder nicht will, wird Ihr Partner bzw. Ihre Partnerin Sie hoffentlich daran erinnern, dass es Zeit für die gemeinsame Übungspraxis ist.

ZUM SCHLUSS

Haben Sie schon einmal gesehen, dass ein Sportler eine Medaille bei der Olympiade oder bei einer Weltmeisterschaft gewinnt, ohne vorher viel trainiert zu haben? Sicherlich nicht.

Zwar spielen auch Talent und innere Motivation eine Rolle, aber das Entscheidende, um als Sportler erfolgreich zu sein, ist das Training. Kraft und Schnelligkeit, aber auch die technischen Fähigkeiten, entwickeln sich umso besser, je gezielter ich diese trainiere. Dazu gehört natürlich auch, einen Trainingsplan zu haben, der sich genau auf das fokussiert, was Sie für Ihre Sportart benötigen.

In diesem Buch haben Sie gelernt, dass man nicht nur trainieren kann, um ein guter Sportler zu werden. Man kann auch trainieren, um sich glücklich und zufrieden zu fühlen. Den passenden Trainingsplan haben Sie jetzt in Ihren Händen. Nun liegt es an Ihnen, diesen in regelmäßigem Training in die Tat umzusetzen.

Genau so, wie ein Trainer einem Leistungssportler aber nicht versprechen kann, dass dieser die Olympiade gewinnen wird, kann ich Ihnen nicht garantieren, dass Sie der glücklichste Mensch dieser Erde werden. Aber ich kann Ihnen versprechen, dass Sie es mit entsprechendem Training schaffen können, Ihre Zufriedenheit so sehr zu steigern, wie Sie sich dies heute wahrscheinlich noch nicht vorstellen können.

Und all das klappt, ohne irgendetwas im Außen verändern zu müssen oder etwas an Ihre Lebensumstände anzupassen. Allerdings wird es nicht ausbleiben, dass sich Ihre innere Zufriedenheit auch im Außen widerspiegelt. Seien Sie also gespannt darauf, wie reich Sie das Leben beschenken wird, wenn Sie ihm zukünftig immer positiver und optimistischer gegenüberstehen. Aus eigener Erfahrung weiß ich, wie erfüllend dies sein kann.

Ich wünsche Ihnen von Herzen viel Erfolg dabei und ein glückliches Leben.

Ihr

Axel Kranz

EMPFEHLENSWERTE LITERATUR

Funktionsweise des Gehirns

Jeffrey Schwartz und Rebecca Gladding: Du bist mehr als dein Gehirn: Die Vier-Schritt-Lösung, um Gewohnheitsmuster zu durchbrechen, ungesunde Denkweisen abzulegen und Kontrolle über das Leben zu gewinnen

Niels Birbaumer: Dein Gehirn weiß mehr, als du denkst: Neueste Erkenntnisse aus der Hirnforschung

Paul D. MacLean: The triune brain in evolution: Role in paleocerebral functions

Tobias Esch: Die Neurobiologie des Glücks: Wie die positive Psychologie die Medizin verändert

Meditation

Jon Kabat-Zinn: Gesund durch Meditation: Das große Buch der Selbstheilung mit MBSR

Rick Hanson: Denken wie ein Buddha: Gelassenheit und innere Stärke durch Achtsamkeit – Wie wir unser Gehirn positiv verändern

Weiterführende Adressen

Möchten Sie das im Buch Dargestellte vertiefen, so können Sie die Seminare von Axel Kranz besuchen. Weitere Infos hierzu finden Sie auf www.feel-yourself-free.de. Auch können Sie sich auf dieser Website zum Newsletter anmelden, um interessante Tipps für die persönliche Entwicklung zu erhalten und immer auf dem Laufenden der neuesten Veranstaltungen zu sein.

Aufbauend auf den in diesem Buch dargestellten Grundprinzipien hat Axel Kranz auch ein Führungskräftetraining „Die authentische Führungskraft" entwickelt. Es führt zu einer Reduzierung der durch Konflikte verursachten Reibungsverluste und zu größerer allgemeiner Zufriedenheit und dient damit gleichzeitig der Burn-Out-Prävention. Mehr dazu finden Sie auf der Website www.kranz-consult.de.

PETER SOLC

Die *TIME-OUT*-Taktik

Effektive Regeneration bei Leistungsdruck, Stress und Erschöpfung

Das Erfolgs-Training für Alltag und Arbeitsplatz

humb ldt

Stand 2018. Änderungen vorbehalten.

Regeneration statt Hamsterrad

- Pausen effektiv nutzen und Stress vorbeugen
- Das Erfolgs-Training für Alltag und Arbeitsplatz von Top-Mentalcoach Peter Solc
- Leicht verständlich, überall umsetzbar
- Das Hochleistungsrezept von Profi-Sportlern und Top-Managern für jedermann

Peter Solc
Die TIME-OUT-Taktik
224 Seiten, 14,5 x 21,5 cm, Broschur
ISBN 978-3-86910-505-5
€ 19,99 [D] / € 20,60 [A]

Der Ratgeber ist auch als eBook erhältlich.

LUKAS RICK

SELBSTWERTGEFÜHL STEIGERN

In 10 Schritten zu innerer Stärke
Den inneren Kritiker entwaffnen

Schluss mit Minder-
wertigkeits-
gefühlen!

humboldt

Den inneren Kritiker entwaffnen

- Der Ratgeber für alle, die endlich selbstbewusster auftreten möchten
- Mit vielen authentischen Fallbeispielen
- Lösungsorientiert und individuell: das 10-Schritte-Programmm für einen positiven Umgang mit sich selbst
- Maximales Verständnis für den Leser: mit ergänzenden Videos des Autors per QR-Code

Lukas Rick
Selbstwertgefühl steigern
192 Seiten
14,5 x 21,5 cm, Broschur
ISBN 978-3-86910-410-2
€ 19,99 [D] / € 20,60 [A]

Der Ratgeber ist auch als eBook erhältlich.

Raus aus der Stressfalle!

- **R** Relaxation
- **O** Organisation
- **M** Mentale Kompetenz
- **E** Energetisierung

- In 4 Schritten zu Wohlbefinden und Leistungsfähigkeit

- Alle Techniken und Übungen lassen sich kinderleicht im Alltag umsetzen

Herbert Forster, Dr. Philip Janda
Stress abbauen mit ROME®
224 Seiten, inklusive Audio-Workshop
14,5 x 21,5 cm, Broschur
ISBN 978-3-86910-490-4
€ 24,95 [D] / € 25,70 [A]

Der Ratgeber ist auch als eBook erhältlich.

Erfolgstraining gegen Stress und Angst

Das Erfolgstraining gegen Stress, Angst und andere Belastungen

Der Ratgeber für ein selbstbewussteres Leben

- Der Bestseller aus Norwegen in deutscher Sprache – in 3. Auflage
- Erfolgreiche Übungen für die mentale Fitness
- Raus aus den festgefahrenen Verhaltensweisen: So erreichen Sie ein Gleichgewicht zwischen allen Lebensbereichen

Gunnar Cramer, Dag Furuholmen

Ich coache mich selbst!

248 Seiten
11,8 x 17,0 cm, Broschur
ISBN 978-3-86910-496-6
€ 9,95 [D] / € 10,30 [A]

Der Ratgeber ist auch als eBook erhältlich.

humboldt
...bringt es auf den Punkt.

Stress lass nach!

- Modernes Stress-Management: zahlreiche Übungen für den Alltag, ohne zusätzlichen Zeitaufwand

- wingwave®: die bewährte und erprobte Erfolgs-methode für mehr Energie und Gelassenheit

- Stress-Auslöser erkennen, Auswirkungen spürbar reduzieren

Cora Besser-Siegmund, Lola-Ananda Siegmund
Work-Health Balance
192 Seiten
14,5 x 21,5 cm, Broschur
ISBN 978-3-86910-515-4
€ 19,99 [D]/€ 20,60 [A]

Der Ratgeber ist auch als eBook erhältlich.

Bibliografische Information der Deutschen Nationalbibliothek
Die Deutsche Nationalbibliothek verzeichnet diese Publikation in der Deutschen Nationalbibliografie; detaillierte bibliografische Daten sind im Internet über http://dnb.ddb.de abrufbar.

ISBN 978-3-86910-416-4 (Print)
ISBN 978-3-86910-417-1 (PDF)
ISBN 978-3-86910-418-8 (EPUB)

© 2018 humboldt
Eine Marke der Schlüterschen Verlagsgesellschaft mbH & Co. KG,
Hans-Böckler-Allee 7, 30173 Hannover
www.schluetersche.de
www.humboldt.de

Lektorat: Ulrike Schöber, Dortmund
Covergestaltung: semper smile Werbeagentur GmbH, München
Covermotiv: shutterstock/fizkes; Odua Images; somchaij
Grafiken: S. 83: macrovector – Fotolia.com, S. 149: lantapix – Fotolia.com
Satz: PER Medien+Marketing GmbH, Braunschweig
Druck und Bindung: Silber Druck oHG, Niestetal